どならない子育て

はじめてのコモンセンス・ペアレンティング

伊藤徳馬

JN269731

Discover

推薦のことば

児童養護施設　神戸少年の町　施設長
社会福祉学博士　野口　啓示

私は、「神戸少年の町」という児童養護施設で、たくさんの子どもたちの養育をしながら、効果的なしつけの方法をずっと探してきました。

そんなときに出会ったのが、アメリカ生まれの子育てプログラムである「コモンセンス・ペアレンティング」（ＣＳＰ）という手法です。ＣＳＰというとむずかしく聞こえますが、ひとことで言うと、「ロールプレイにより、上手なしつけの方法を学ぶプログラム」のことです。

今回、茅ヶ崎市役所の伊藤徳馬さんがこの『どならない子育て』という本を出版されることをとてもうれしく思います。

私がCSPを日本に紹介したのは1999年のことでした。そして2005年に、日本の子育て事情に合うようアレンジした「神戸少年の町版CSP」を作成しました。それから8年、CSPは徐々に日本でも広まっていき、現在、CSPの講座を実施できる資格を持つトレーナーの数は4000名を超えました。また、厚生労働省の行政報告でもCSPが紹介されるようにもなっています。

CSPが広まっていくなかで、私は、誰かが私とは違うテイストでCSPの本を書いてくれないかとひそかに期待していました。

そんな折、伊藤さんからCSP関連の本を書きたいという申し出を受けたのです。もちろん二つ返事でOKでした。そして、このできた本を見て、私は驚きました。それはまさに、伊藤さんならではのCSPが描かれていたからです。

この本を読むと、まるで伊藤さんの講演を聞いているようです。伊藤さんの楽しく、そして誠実な人柄により、みなさんもCSPをもっと楽しく学べると思います。

みなさん、子育てをもっと楽しいものにするために、この本でいっしょに学んでいきましょう！

はじめに

こんにちは。私は、普段は市役所で働いている伊藤と申します。プライベートでは2児の父です。

この本は、**親御さんが「どならない子育て」を練習することで、実際にどなる頻度を少し減らして、しつけの負担感を少し減らすことをめざします。**

うさん臭いですか？　でも本当に効果はあるんですよ。

私は仕事の一環として子育て講座を開いているのですが、講座を受講した親御さんからは、こんなご感想をいただいています。

・**ほめることができるようになった。ほめる回数が増えた。**

・**練習をしたので、家でもすんなりできた。できたときの子どもの反応が違った。**

・子どもを叱るとき、「何を話そうか」と一瞬考えるようになった。
・子どもに話が伝わるし、関係もよくなった。
・子どもへの話し方がまずかっただけだとわかり、気持ちが楽になった。
・自分が変われたかどうかは自信がないけれど、ほかの親を見ていると「ああ、こういうことだよな」とわかるようになった。

いかがでしょうか。少しは信用していただけましたでしょうか（笑）。

私の普段の仕事は、子育て相談や児童虐待の対応のとりまとめなどです。その関係で、２００９年に「神戸少年の町版コモンセンス・ペアレンティング」（以下、「ＣＳＰ」と略します）という、子どもへの伝え方、ほめ方、叱り方などを身につけていくプログラムと出会いました。

当初、私も「そんなんで子育てが楽になるなら、誰も苦労しないよ」と思ったりしました。ですが、長女（当時２歳半）を叱る際に試したところ、いつもは「聞こえない大作戦&大暴れ」のところが、私に素直に謝り、指示に従うのを見て驚きました(それ以上に反省しました。ちなみに、この仕事をしていても、自分の子育てでは痛い思いをしています……)。

そこで、「これは子育て講座として使ったらいいじゃん!」と思ったのです。すぐに職場で相談し、温かな反応があった結果、CSP講座が事業化され、私自身もCSPのトレーナーとして講座を開くようになりました。

CSPのよい点の一つは、親御さんが講座の中でDVDを使ってテレビに映った子どもに向かって、もしくは子ども役のトレーナーに向かって、実際にほめたり叱ったりと練習してみることです(少し恥ずかしいですが)。

そうすると、知識としてではなく、身体で覚えるので、家で子どもの行動が目に入ったとき、「あっ! こないだの練習と似たような場面だ。あのときのとおりに、具体的に伝えてみようかな」と、実践がしやすくなり、

実践する　↓　子どもが指示に従った
↓「え、こいつ言うこと聞けるんじゃん」↓「あー、自分の言い方がまずかったのか」↓「じゃあ、ほかの場面でもやってみよう」

というサイクルが回るようになり、**親子関係がよくなり、親のストレスも減っていく、**という流れになります。

ここで**重要なのは、「練習」です。**

「子どもをほめましょう」「穏やかに接しましょう」という総論や精神論は、みんな知っています。

知っているけれどできない。だから困るのです。

知っていることを実践に導くのが「練習」です。しつこいですが、本当に大事です。

ＣＳＰは本来、70分（～１２０分）×７回（もしくは６回）の講座ですが、私の所属では「入門講座」として２時間×１回のダイジェスト版の講座も開催しています。

ＣＳＰが一番効果を発揮するのは、７回版の通常講座です（入門講座は１回ぽっきりで情報も圧縮してあるので、効果は当然大きく落ちます）。

そのため、一番おすすめしたいのは、やはりＣＳＰの通常講座を受けに行っていただくことなのですが、「講座を受ける」のもいろいろとハードルがあったりするので、なるべく多くの人が気軽にＣＳＰのエッセンスに触れられるようにと、この本を書いてみることにしました。

この本の一番の目的は、**親御さんがしつけの面で少しだけ楽になること**です。

もちろん、子どもにもよい効果はありますが、まずは親御さんが余裕や自信を持てるようになることが大事なので、親御さんの負担を減らすことをめざしていきます。

それでは、ほどよく適当に、練習していってくださいね。

もくじ

2

どならないですむための しつけの基本

3

どならない子育て実践編①
効果的にほめる

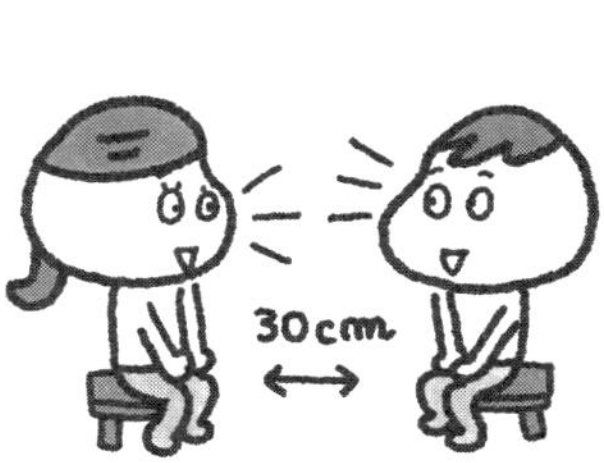

4

どならない子育て実践編②
事前に子どもに説明する

準備編

目標は「どなる頻度を10→6に」

はじめに、注意事項からお伝えしていきます。

まず、この本を読んだからといって、バラ色の子育て人生になるわけではありません。また、しつけの基本的な部分を押さえるだけなので、お子さんの発達の問題やこじれた親子関係などには、これだけでは通用しないということはたくさんあります。

では、この本を読んでも効果はないのか？

いえいえ、効果はあるんです。

私の職場でのＣＳＰ通常講座のアンケート結果を見ると、「受講前のどなる頻度を10とすると、受講後の頻度はいくつですか？」の回答は、平均で6前後となっています。

この本の目標も、やはりどなる頻度を10から6に減らすことです。
「6も残ってるの？」と思われる方もいらっしゃるでしょうが、**大事なのは4減ることです。**

以前、私も休みの日に子どもをさんざんどなりつけ、子どもが寝たあとで自己嫌悪に陥ることが多々ありました。そのときは、次のように思ったもんです。
「あーあ、あんなに怒る必要なかったんだよな。子どもがしたこと自体は大したことじゃないし。あーあ、この子はほかの親のところに生まれたほうが幸せだったんじゃないかな。あー、もうやめよう。明日からは絶対怒らない。つまらないことでは怒らない。よし、切り替え、切り替え！」

次の日、「こらっー!!　いいかげんにしろ!!」　↓　そしてまた自己嫌悪……

子どもを何度もどなるとき、親の怒りや負担感は、どなる回数に対して正比例ではなく、加速度的に増えていきます。なので、どなる頻度を4減らしただけでも、負担感は劇的に減ることになります。だから、4減るだけでいいんです（ここでは、目標は6としましたが、もちろん結果は8でも9でも全然OKです）。

そういう私も、完全にどならなくなったわけではありません。講座の受講者に最初に、「近所のスーパーなどで私を見かけても、子どもをめちゃくちゃ叱っている場面だったりしたら、見て見ぬふりをしてくださいね」と必ず伝えているぐらいです（苦笑）。

実際に、スーパーやショッピングモールのフードコート、回転寿司などで子どもを怒って叱っている場面を受講者に見られてしまったことが何度もあります……。こうやってCSPのトレーナーとして一丁前のことを言っている私でも、子どもをどなることは今でもたくさんあるのです。

でも、私も思うわけです。「4は減った。今どなっている自分は残りの6のほう」だと。

だから、気楽に考えてください。**どなる頻度を1や0にする必要はないし、少し減らせられれば、それでOK**と。

前に進むことが大事なのです。

完璧にはなれないし、完璧になる必要もないんです。

もっと言えば、この本を手に取っていただいただけでも、しんどいなか、前に進もうとしているわけなので、まったくだいじょうぶです。胸を張ってください！

とにかく練習して身につけましょう

ＣＳＰの講座の中では、ＤＶＤの映像が映るテレビや子ども役のトレーナーに向かって練習をして、具体的な対応方法を身につけていきます。

頭で知識として理解するだけでは、実践はなかなかできません。子育て支援の現場でも、プロたちが仕事として研修を受けて、「これはいい！　なるほど！」と思ったのだけど、実践はしないまま終わる、ということがよくあります。

では、実践につなげるために必要なものは何か？　それは「練習」です。**練習して身体で覚えることです**。

自転車に乗りはじめる子どもに、言葉だけで乗り方を教える親御さんはおそらくいないですよね。みんな、実際に子どもに自転車を漕がせますよね。

もう1つ例を。うちの長女が生まれるとき、私は市役所の父親教室に参加し、そこでリアルな人形を使って赤ちゃんの沐浴の練習をしました。顔見知りの保健師さんたちからいろいろと突っつかれながらで恥ずかしかったのですが、本番では確かに効果がありました。

初めて長女を沐浴させるとき、緊張しながらも、「タオルを床に敷いて、肌着とおむつを置いて、子どもの持ち方はえーっと……」とできたわけです。教室での練習がなかったら、初めての沐浴は心理的なハードルが相当高かったと思います。

しつけも同じです。私もそうですが、今の時代、子どもをほめたり叱ったりするのは、自分の子どもが初めてだったりします。

そりゃ、うまくいかないです。だって、やったことないんだもん。

だから、練習するんです。

それと、練習しておくと、似たような場面に出くわしたとき、流れるように、自然と練習したことができます。

そして、ＣＳＰで習うことは基本的な「具体的に伝えましょう」「ほめましょう」なので、

実践すれば効果が出る　↓　子どもの反応が違う　↓　親御さんは「なるほどそういうことか」と成功体験を得る　↓　ほかの場面でも実践するようになっていく

といういいサイクルになります。

✿ この本では「練習」＝「イメトレ」でいきます

今回は本なので、みなさんと向かい合っての練習はできません。なので、この本では、「練習」＝「イメージトレーニング」でいきます。

イメトレもけっこう威力があります。私がＣＳＰにであった頃のことですが、妻がたまに弁当を作ってくれたときに、家に帰って弁当箱を妻に無言で渡すと叱られていました。

「なんで『ありがとう』とか『ごちそうさま』って言えないの⁉　ほかの家の旦那さんはみんな『ありがとう』って言ってるよ。どういう教育を受けてきたの⁉」と……。

「そこまで言わなくてもいいじゃん」とも思いつつ、反抗する理由もないので、「ごちそうさま」と言おうかと思うのですが、これがなかなか言えないのです。

玄関のドアを開ける時点では「言おう」と思っていても、家に入ってリビングにいる妻を見ると、心理的なハードルが生まれ、なかなか言えません。

そして、無言でカウンターに置く　↓　また叱られる、となってしまいます。

そこで、夜、帰りの電車の中でイメトレをしたわけです。「玄関を開ける」↓「カバンを開ける」↓「弁当箱を出す」↓「ごちそうさま」、……「ごちそうさま！」と。で、帰宅して、ドアを開けて、妻がいて、「(言ってしまえ)……ごちそうさま！」と、とうとう言えたのです！（ちなみに、そのとき妻の反応は特にありませんでした。CSP的に言えば、ここでほめることで「ごちそうさま」の頻度を増やし、定着する可能性を高めることができます）

そんなわけで、この本でも、対応方法の説明のあとに「練習」のパートをつくっています。そして、練習のパートでは、イメージがわきやすいように場面設定を細かめに書いているので、そこでみなさんもぜひ、場面をリアルにイメージしながら、どのように対応するといいのかを頭の中で描いてください。

頭に知識を入れるだけでは、効果はあまり期待できません。**練習して身につける、実践する**。何回も言いますが、これが大事です。

バッドサイクルとグッドサイクル

バッドサイクルとは？

本編に入る前に、ＣＳＰの基本的な考え方である「バッドサイクル」と「グッドサイクル」について、お話ししておきます。

まずは、しつけがうまくいっていないときの解説です。左の図を見てください。

子どもが問題行動を起こせば、当然、親のイライラは増えます。そして、親が思わずしてしまうのが、強制的なしつけ（どなる、叩く、脅す）です。

親も望んで強制的なしつけをするわけではないのですが、子どもが言うことを聞かず、親として引くわけにもいかないとなると、最後には強制的なしつけをせざるを得なくなったりします。

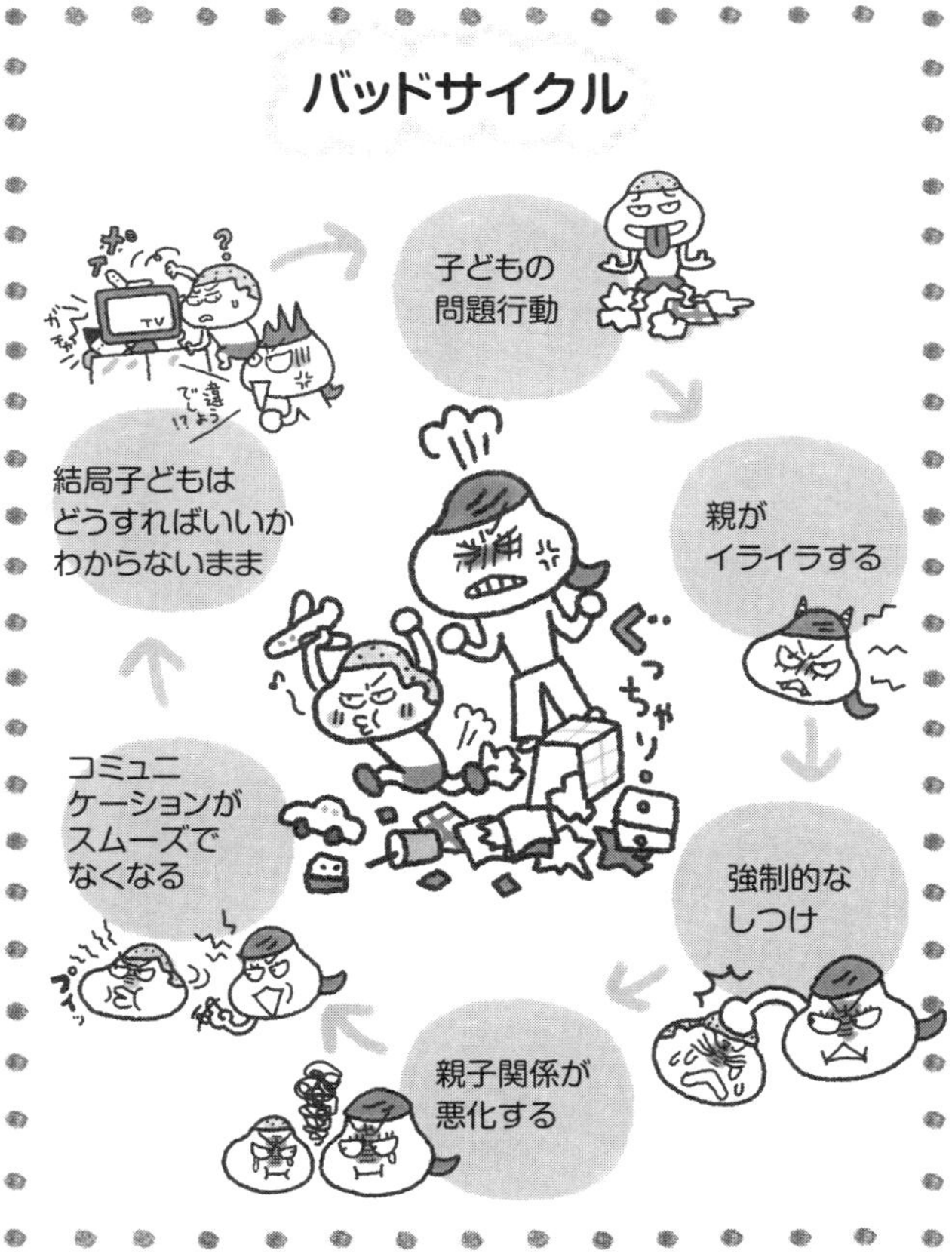
バッドサイクル
子どもの
問題行動
親が
イライラする
強制的な
しつけ
親子関係が
悪化する
コミュニ
ケーションが
スムーズで
なくなる
結局子どもは
どうすればいいか
わからないまま
ぐっちゃり
TV

ここで問題なのは、強制的なしつけには、次の作用があることです。

1つ目は、即効性があるだけに厄介だということです。叩いたり、どなったりすれば、子どもは問題行動をやめ、言うことを聞きます。だから、親は使いたくはないけれど、最後の手段として強制的なしつけを選択肢として持ち、日々多用してしまうのです（そして、徐々に強制的なしつけをマスターする、と）。

2つ目は、子どもには「何がまずかったのか、どうすればよかったのか」があまり伝わらない、ということです。強制的にさせられている以上は、そこに子どもの主体的な意志や理解は大して期待できません。「怖いからやめた」とか「やばそうだから言われたとおりにした」では、先につながりにくいということです。

3つ目は、親子関係の悪化です。叩かれたり、自分のおもちゃを捨てられたりすれば、子どもは「悲しい」とか、「悔しい」とか、「もう話したくない」とか思いますよね。

こうして、子どもは具体的な理解が大してないまま、親子関係は悪化し、さらにきちんと話したり、聞いたり、確認したりという機会が減り、子どもはよりいっそう、自分のすべきことがわからないままになります。

そうなると、子どもはわかっていない以上、また同じ問題行動を起こします。

そして、このサイクルが2周目に入ると、まずいことが起こります。親の怒りです。親としては思うわけです。「あれだけ叱ったのに、お前はまだやるのか」と。特に熱心な親御さんほど強くこのサイクルが回り、次のように考えがちです。

「おもちゃを片づけないから、どなって叱った。それなのに、またこの子は片づけなかった。この程度のことも直せず反抗してくるのはまずい。この子の将来が不安だ。今、どうにかしておかないと……。どなってもだめだったから、今回はおもちゃを捨てよう」

と。しかし、強制的なしつけを強めても問題の解決はできず、バッドサイクルが回るだけなので、親子ともに苦しい状態が続き、事態が悪化していきます。まさに悪循環です。

もし、どなったり、叩いたりしたことが功を奏して、子どもの問題行動がなくなったとしても、「親が怖いからやめた」というだけなので、本人の意志や理解は期待できず、次の例のように、別の場面では同じ問題を起こす可能性が残ります。

●例：兄が弟を叩くことをどなりつけてやめさせた

↓　親がいる場面では、弟を叩かなくなった

↓　親がいなければ、叩く

さらに、強制的なしつけで子どもを支配できたとしても、子どもが中高生になり、体が大きくなってくれば、そのやり方は通用しなくなっていきます。

✿グッドサイクルとは？

では、バッドサイクルを反対に考えてみます。左の図を見てください。

グッドサイクル
子どもの
よい行動
親のイライラが
減る
ほめる
親子関係が
よくなる
コミュニケーションが
増えて
スムーズになる
子どもが言うことを
聞くようになる
ママー♡

グッドサイクルを回すには、**親が子どものよい行動をほめるところからはじまります**。すると、親子の関係がよくなり、親子間でのコミュニケーションが増え（「ママ、ぼく○○してえらかったでしょ?」「うん、○○できてえらかったね」とか）、子どもは「どうすればいいのか」をより理解し、よい行動を繰り返しやすくなります。

そして、子どもがよい行動をすれば、親のイライラは減ります。

ここでまた、2周目以降の効果です。親はさらに負担感が減り、余裕ができ、子どもの行動をほめやすくなります。

これぞグッドサイクル。こうなったらいいですよね。

とはいえ、この本のめざすところは、「バッドサイクルをなくしましょう」ということではありません。**どのご家庭にもあるグッドサイクルとバッドサイクル、その比率を少し変えてみましょう**、ということです。

たとえば、これまで「バッドサイクルが60・グッドサイクルが40」だったのを、「バッドサイクルを少し減らして55に・グッドサイクルは少し増やして45にしてみましょうか」という話です。

「急激な変化!!」ではなく、「小さな改善と発見の積み重ね」をめざしていきましょう。

ここで注意事項をいくつか

「で、『どならない子育て』の話はいつ始まるの?」と思われた方、ごめんなさい。

もうちょっとだけ、この本をお使いいただく際の注意事項についてお話しさせてください。

●CSP(コモンセンス・ペアレンティング)は、アメリカの児童福祉施設「ボーイズタウン」で開発された親支援プログラムです。それを、「神戸少年の町」(児童養護施設)の野口啓示先生が、日本の文化にあわせて開発されたのが、この本でご紹介している「神戸少年の町版CSP」になります。

この本の中で出てくる「CSP」は、「神戸少年の町版CSP」のことを指します。

●この本は、CSPのダイジェスト版的内容になっています。あくまで一部のエッセンスを取り扱っているだけです。

なので、この本を読んでCSPに興味を持たれた方は、CSP講座を受講されるか、CSPの開発者、野口啓示先生の次の書籍を読まれることをおすすめします。

・『むずかしい子を育てるペアレント・トレーニング』（明石書店）

・『むずかしい子を育てるコモンセンス・ペアレンティング・ワークブック（DVD付）』（明石書店）

また、この本は、CSPの内容を圧縮し、飲み込みやすく印象に残りやすいようにあるあるネタを入れて、と専門家でもない私の加工が入ってしまっているため、科学的な根拠のある純粋なCSPから少し離れてしまっている箇所もある点をご了承ください。

●CSPは、本来、次の7つのセッションで構成されています。

1　わかりやすいコミュニケーション

2　よい結果・悪い結果

3　効果的なほめ方

4　予防的教育法
5　問題行動を正す教育法
6　自分自身をコントロールする教育法
7　フォローアップ（まとめ、総復習）

この本では、紙幅の都合もあり、比較的基礎的な1～4を対象にして書いています。5～7については、ボリューム的にとても収まりきれませんでした。この本がそこそこ売れたら、第2弾の本に書けたらなあと思っています（願望）。

●この本では、「どならない」というキーワードをよく使いますが、その意味は「『どなる』ってしんどいですよね、どならなくてもすむ楽な方法があるのなら、試してみませんか」という程度のニュアンスです。決して、「どなっちゃだめ」とか「叱らない」ではありませんので誤解なきようお願いします。私も前述のとおり、今でもどなることはあります。

それと、よく言われる「怒る」と「叱る」の違いの話でもあります。

子どもが悪さをすれば、親は叱らないといけません。その際に、親の感情の発散が前面に出てしまうと、「怒る」となります。「怒る」場合、残念なことに子どもには、親の言いたいことが大して伝わらないというオチになりがちです。

一方、子どもに伝えることを意識していると、親は気持ち的には怒ってはいても、行動としては、諭すように「叱る」ことになります。「叱る」といっても、罰を与えたり、感情的にダメージを与えたりするのではなく、どの行動がいけなかったのか、どういう行動が望ましいのかを説明することです。

そうすると、結果的に親の負担感が少なくなる選択肢は、諭すように「叱る」、つまり、「怒らない」→「どならない」となるということを言いたいわけなのです。

●この本を読むときは、「親にとって、楽で負担感の少ないしつけの仕方は何か」という視点を大事にしてください。
「子どもをどなったり、叩いたりするのは避けましょう」。なぜ？ そのほうが**子どもに伝わりやすく、親の負担感が減る**からです。

どなっても、叩いても、結局、親御さんがしんどくなります。まずは、親御さんが少しでも楽になりましょう。もちろん子どもにもよい効果はありますので、安心してご自分のためにこの本を読んでください。

●CSPは端的に言えば、「言葉によるコミュニケーションスキル」です。親が子どもに言葉で伝えて、しつけをしていく方法を身につけるプログラムです。そのため、対象となる子どもの年齢は、おおむね3歳以上です。対象年齢の上限はありません。

言葉によるコミュニケーションができればいいので、**パパにも使えますよ**（さすがに姑さんには、別の理由で難しいかもしれませんが……）。

●この本では、「練習問題」が出ます。「こういう場面設定のとき、今の説明を踏まえると、どのような対応になるでしょうか」と聞かれるわけですが、ここでの答えは、あくまで「CSP的に対応するとこんな感じ」という意味の答えです。「子育てにおいて絶対的に正しい答え」というわけではありませんので、ご注意ください。

●最後に、この本は現実路線です。たまに、「そんなキレイごとを言って。子育ては理想どおりにはいかないんだよ」と言われることがあるのですが、私としても理想の子育てをめざす気はなく、しつけについて、現実的にできる改善をめざしています。また、個々の子育て観、価値観に口を出す気もありません。あくまで、しつけの基本的な仕方に触れるだけです。

本書の構成

準備編

↓

基本編

1 どならないですむための
コミュニケーションの基本

2 どならないですむための
しつけの基本

↓

実践編

3 効果的にほめる

4 事前に子どもに説明する

1

どならないですむためのコミュニケーションの基本

しつけってなに？

ここから、具体的なコミュニケーションの仕方についてお話ししていきます。

その前に、1つ押さえておくべきことがあります。

それは、

「しつけとは何でしょうか」

「そもそも、私たちは何のためにしつけをするのでしょうか」

ということです。


では、今この本を読んでいらっしゃるお母さん（それともお父さん？）、問題です。

問題

私たち親は、子どもに将来、どのように生きてほしいと考え、しつけをするのでしょうか。「人に優しくなってほしい」とか、「他人に迷惑をかけないように」とか、細かいことを言えばいろいろありますが、総論で言うと、しつけをすることで、子どもにどうなってほしいと思っていますか。

さあ、お答えをどうぞ。

もちろん、この質問に正解はありません。ほとんどの親御さんの答えを要約すると、「子どもがうまく生きられるように」「幸せに生きられるように」「まずまずの生き方ができるように」となるでしょう。

つまり、私たちがしつけで実現したいことは特別なことではなくて、普通のことなのです。私たちは親になると自然に、これまで生きてきて、経験して、学んだことを、「こうしたらお前もうまくやっていけるよ」と子どもに伝えようとします。

「挨拶をしなさい」。なぜ？　挨拶をしたほうがその子はうまく生きていけるから。
「約束は守りなさい」。なぜ？　そのほうがうまく生きていけるから。

これがしつけです。「こうやったらいいんだよ」と教えるのがしつけなわけです（CSP的にちょっと堅い表現で言うと、「しつけとは、教育、そしてトレーニング」です）。教えるためには、まず伝わらないとはじまりません。ところが、子どもにはなかなか伝わらない。何回言っても、直しません。注意をすれば、聞こえないふりをしたり、言い訳をはじめたりして、伝わらないことのほうが多かったりします。
そうなると、いつの間にか叱る頻度が増え、

子どもを強く叱る　↓　子どもが泣く
↓　子どもが反省して、「ママごめんなさい」と言う　↓　まあ伝わったのかな

というように、叱ることで成立するしつけが多くなり、「叱る」＝「しつけ」とな

っていきがちになります。

ですが、繰り返しますが、**しつけの目的は教育であり、伝えることです**。叱るのは、しつけの手段であって、目的ではありません。

では、なかなか話が伝わりにくい子どもたちに、どのようにすれば伝わるようになるのでしょうか。

それには、

①行動を具体的に表現する
②肯定的表現を使う
③共感的表現を使う
④環境を整える

の４つがあります。１つひとつ見ていきましょう。

①行動を具体的に表現する

いきなり問題です。ゆっくり時間をかけて、頭の中でイメージしてから答えてください ね。

問題

今日は大事なお客さんが来る日です。ママは5歳の太郎くんに言います。「太郎くん、これからお客さんが来るからいい子にしててね」太郎くんは機嫌がよかったので、こう答えます。「うん！　わかった！」さあ、ここで問題です。太郎くんに、ママの話は何％伝わったでしょうか？

答えはいくつでしたか？　20％？　60％？

こう聞かれると、ほとんどの人は、0～50％の間の数値を答えます。この問題に正解となる数値は特にありませんが、今の問題に出てきた「いい子にしててね」では、実は大して伝わっていません。大人なら伝わる便利な言葉、「あいまいな表現」は、子どもには伝わりにくいのです。

●あいまいな表現の例

「いいかげんにしなさい」
「何度言ったらわかるの？」
「いい子にしなさい」

思わず言っちゃいますよね。「こら！　いいかげんにしなさい！　何回言ったらわかるの！」と。

子どもは3歳にもなると、表面上は会話が成立するようになります。だから、親は「いい子にしててね」「うん、わかった！」でだまされてしまうのです。

子どものほうは、あんまりわかっていない。あるいは、わかってはいて、理解もしようとはしていても、親がイメージしていることとは実は落差がある。

でも、親としては会話は成立しているし、約束もしている。だから、子どもができなければ怒るわけです。

「約束したじゃん。自分で『わかった』って言ったじゃん。なんでできないの!?」と。

もちろん、子どももわざとやっているわけではありません。

わかっていない、伝わっていないのです。

具体的な「動詞」で伝える

先ほどの問題に戻りましょう。

「お客さんが来るからいい子にしててね」

「うん！　わかった！」

この後、こんなことが起きます。

お客さんが来ました。

太郎くんは、元気に挨拶することがいい子だと思っていたので、「こんにちは‼」と大きな声で挨拶しました。

「やればできるじゃん、いい子だぞ」とママは思います。

ところが、お客さんを客間に通して、紅茶とケーキを出したとき、太郎くんはお客さんのケーキを指さしてこう言います。

「ぼくもケーキ食べたい‼」

「はぁ？　ちょっと‼」。ママは思います。

でもその場は、なんとか収まりました。

少し経って、お客さんとママが話していると、太郎くんがテレビをつけて、大きな音量で見はじめました。

「太郎くん、静かにしてね……（怒）」

その数分後、太郎くんが客間に来てママに元気よく聞きました。

「ねえ。お客さん、いつ帰るの?」

さあ、ここでもう1つ問題です。

問題

この後、お客さんが帰りました。ママは玄関のドアを閉めました。ドアの外に人の気配はありません。プライベートな空間ができ上がりました。ママは振り返って、後ろに立っていた太郎くんに何と言うでしょうか。もし、あなたがこのママだったら、何と言いますか。


「ねえ!『いい子にして』って言ったでしょ!!」とかでしょうか。

親のしてほしいことが子どもに伝わっていない以上、子どもの問題行動が減ることは期待できません。でも、今のような流れになると、親には子どもが悪いようにしか見えません。そして、親としては子どもが悪いことをした以上、叱るしかありません。

子どもからすれば理不尽な状況なので、「うん、わかったよママ」とは言いがたいですし、ここでさらに、あいまいな表現で「ママに恥をかかせたいの?」と叱られたりすれば、子どもとしては何がなんだかよくわかりません。

はっきりわかることは、「親が怒っている」ということぐらいです。

このように、**あいまいな表現では伝わらない**のです。さらに、伝わらない結果として、親は叱らないといけなくなり、疲れます。いいことはないです。

私は仕事柄、保育園や幼稚園の先生とお話しする機会が多々あるのですが、先生たちは次のような場面をよく見かけるらしいです。

◆降園時のママと子どものやりとり

ママ「今日はちゃんとしてよ!」

(訳:今日は友だちと悪ふざけせずに、先生に「さようなら」と言うのよ!)

ママ「ほら、いいかげんにしなさい!」

（訳：友だちと遊ぶのをやめて、黙ってこっちに来なさい！）
ママ「ねえ、早くしてよ！」
（訳：今すぐ遊ぶのをやめなさい。さもないと、家に帰ってからとんでもなく怒られることになるわよ！）

でも、

↓　子どもには理解できない
↓　子どもは指示に従わない（従えない）
↓　ママが怒る
↓　見ていた園の先生、「それは伝わらないよ、お母さん……」

多くの親御さんが、あいまいな表現では伝わらないということを知らないばっかりに、日々しなくてもいい苦労をしているのです。

あいまいな表現の反対は、具体的な表現です。**具体的に表現するのは「行動」です。**「○○してね」「○○しないでね」「○○するのはよいことだよ」と、「行動」を表現すると伝わりやすくなります。

●具体的な表現の例

「おもちゃを片づけて」
「イスの上で跳ねるのはやめて」
「スーパーでは、ママの横を歩いてね」

行動を表現しようとすると、親御さんが子どもに話す内容の中に必ず動詞が入ることになります。先の例でも、「片づける」「跳ねる」「歩く」という動詞が入っていますね。

✿人格ではなく行動を指摘する

子どもを叱るとき、思わず行動ではなく、人格について言ってしまうことはありませんか？

「なんでわからないの？　バカじゃないの？」と。

人格を否定しても子どもの行動は変わりませんし、どうすればよいかも伝わりません。

親がしたいことはしつけ。**人格ではなく、行動を指摘する**のです。

「○○するのはよくないよ。△△してね」です。

問題

では、先ほどの「太郎くん、これからお客さんが来るからいい子にしててね」とママが言った場面について、行動を具体的に表現して言い直すとしたらどうなるでしょうか。

たとえば、

「太郎くん、これからお客さんが来るから、お客さんに『こんにちは』って元気に挨拶してね」

「お客さんにケーキを出すけど、太郎くんの分もあるから、『欲しい欲しい』って言わないでね」

「ママがお客さんとお話ししてる間は、テレビを小さい音で見ていてね。音量は10だよ」

などとなります。


もちろん、行動を具体的に表現したからといって、子どもが100％指示に従うわけではありません。このように言っても、太郎くんはママの注意を引きたくて、テレビの音量を上げるかもしれません。

イメージ的には、たとえば、普段、子どもが親の指示に従う可能性が10％だったとした場合、行動を具体的に表現すると15％ぐらいになる、という程度のものだと思ってください（この数字はあくまでイメージです）。ちょっとだけ伝わる率が上がるだけなのです。

けれど、少なくとも「いい子にしててね」よりはましです。そして、1回1回の威力の差は大したことはなくても、日々、何百回、何千回とするやりとりです。数日あれば効果の差は目に見えて出てきます。

✿シンプルに、一文で！

「行動を具体的に表現しましょう」とだけ言うと、子どもに丁寧に長い説明をするかのようにも見えますが、そうではありません。

行動を具体的に表現しようとすると、たくさん伝えたいことが出てきますが、**子どもが一度に伝えられることは限られています**。一度に4つ、5つ伝えても子どもはなかなか覚えきれません。

なるべく簡潔に、シンプルに子どもに話してください。

子どもに伝える機会はたくさんあります。ぐっとこらえて、少しずつ伝えていってください。伝わらないと意味がないのですから。

では、問題です。

問題

4歳と5歳のやんちゃな兄弟がベッドの上で楽しそうに飛び跳ねています。この家では、「ベッドの上では跳ねない」というルールがあるのですが、ママがふと気づくと、2人は兄のベッドの上で飛び跳ねていました。ベッドの横には勉強机があります。

では問題です。2人に、行動を具体的に表現して、たったの一文でとっても簡潔に注意しようとすると、何と言えばよいでしょうか。

さあ、答えは決まりましたか？

私の答えは、「ベッドから降りて」とか「ベッドの上では座ってね」です。「〇〇してね」という簡潔な一文であればＯＫです。

ここで注意したいのが、答えの中に「ベッドから落ちると危ないでしょ。それにベッドは遊ぶところじゃないし、ベッドが壊れたら困るでしょ。それにそのベッド、とっても高いんだから……」というちょっと長めの説明がついた人です。

親はよかれと思って、子どもにもわかりやすいように説明をつけようとします。ですが、思わず怒りから説明に力が入ってしまい、長〜〜〜い説明になってしまうと、子どもも話の途中で集中力が切れてそわそわしてしまい、「叱られてるのに、なんだその態度は!!」とさらに怒られてしまったりします。

長い説明がつくと、何が言いたいのかわかりにくくなってしまうのです。子どもとしては、「怒られているのだけはわかります」という状態になってしまいます。

だから、簡潔に言う必要があるのです。説明するのはいいことですが、長いのは禁物です。

ぜひ、だまされたと思って簡潔に話してみてください。

「○○してね」、それだけです。

それとこの場面、「危ないよ」だけだと単なる状況説明なので、子どもには伝わりにくいです。親としては、「危ないよ（だからベッドで跳ねるのをやめなさい）」と言外の意図を汲んで当然だと思ってしまうわけですが、これも子どもにはわかりにくいのです。

②肯定的表現を使う

先ほどのベッドの例で、行動を具体的に表現して注意しようとすると、「ベッドから降りて」のほかに、「ベッドの上で跳ねないで」という選択肢もあります。

おそらく、この２つの選択肢で口から出やすいのは、「ベッドの上で跳ねないで」のほうだと思います。

しかし、実は、この２つの言い方のうち、「ベッドから降りて」のほうが、子どもに伝わりやすく、指示に従いやすいのです。

「行動を具体的に表現する」をよりパワーアップさせる方法、それが「肯定的な表現」です。

●肯定的な表現　＝　○○してね
●否定的な表現　＝　○○しないでね

ぱっと見では、肯定的な表現と否定的な表現に大した差はありません。

ですが、**伝わりやすさ、指示への従いやすさはずいぶんと違います。**


ちょっと試してみましょう。

この本を読んでるあなた、いきますよ。

これから私が否定的な表現で指示を出すので、素直に従ってください。実際にやってくださいね。

いきますよー。

いきますよー。


「目を開けないで‼」

私がしてほしかった行動は、「目を開けないで」、つまり「目を閉じて」ということです。

みなさん、どうでしたか？　おそらく、多くの人が、「ん？　目を開けないで？　目を閉じるのかな？」と一瞬迷ったと思います。そして、みなさんは大人なので、「開けないで」→「閉じる」と指示の意味を変換できたのだと思います。

では、相手が3歳の子どもだった場合、どうでしょうか。目を閉じる子もいるでしょうが、困ってしまう子もけっこういると思います。

ここで、肯定的な表現の出番です。もし、「目を閉じて」と言われたのなら、すんなり指示に従えますよね。何をすればいいかがわかるから。

否定的な表現では、「今している行動はダメだ」ということだけがよく伝わり、「代わりにどうすればよいのか」ということは伝わりません。**「○○しないで！」は、よく使う言い方ですが、わかりにくいのです。**

一方、肯定的な表現では、「どうすればよいのか」という内容がストレートに入っているので、意味もわかりやすいし、指示にも従いやすくなります。肯定的な表現を使うと、「今、何をすればよいのか」という、問題行動に対しての代替行動を提示することになるのです。

ここで、少し前の「ベッドの上で跳ねないで」の例に戻りましょう。ベッドの上で飛び跳ねている子どもたちに、どのように指示を出しますか？

肯定的な表現を使うと、「ベッドから降りて」とか、「ベッドの上では寝ころぶか、座るだけにしてね」となります。もっと広い視点でとらえると、「飛び跳ねたいなら外でしてきてね」なのかもしれません。

あっ！
ケータイさわらないでっ！
ビクッ
ママ、怒ってる⁉
どうしたらいいの？
？？
？

③共感的表現を使う

もう一度、「ベッドの上では跳ねないで」の例に戻ります。ベッドの上で飛び跳ねている子どもたちを注意するとき、肯定的な表現のほかに、もう1つ有効な方法があります。それは「共感的表現」です。

●共感的表現の例

「○○したい気持ちはわかるけど、△△しようね」

ベッドの例で共感的表現を使うと、

「ベッドの上で跳ねたい気持ちはわかるけど、ベッドから降りようね」

となります。

共感的表現を使うと、子どもは自分の気持ちをわかってもらえたことで話がしやすくなります。みんな叱られるのは嫌です。だから、叱られるとわかっているときに親がガツンと叱ってくると、子どもはバリアを張ります。聞こえないふり大作戦とか、言い訳大作戦とか、泣き逃げ大作戦とか、いろんな戦術を使います。

これが、共感的表現を使うと、先ほどの「携帯を触らないで」の例で言うと、「携帯、触りたかったんだよね。それはわかるよ。新しいから触ってみたかったんでしょ」と理解を示してもらえることになり、子どもも「そうなんだよ」と少し安心して話せるようになります。

親も共感的表現を使うことで、子どもの気持ちに理解を示すことができ、親が一方的に叱る形を避けることができます。

それと、親が「携帯さあ、新しいから触ってみたかったんだよね」と言うことで、親も自分の言葉に引っ張られて、「確かにこれは触りたいと思うだろうなあ」とか、「自分も昔、似たようなことで叱られたよなあ」と思い、子どもに対してフラットに注意できるようになる場合もあります。

✿行動だけを指摘できる

そして、共感的表現には、もう1つ大事な効果があります。それは、親が、子どもの「気持ち」と「行動」を切り離して扱えるようになることです。

たとえば、

「携帯さあ、新しいから触りたかったんだよね。それはわかるよ」

（→子どもの気持ちは受容する）

「でもね、」

（→切り替え）

「勝手に触るのはよくないよ。携帯を元の場所に置いて」

（→行動を指摘する、肯定的な表現で指示を与える）

という感じです。

問題行動を起こしたとしても、まず共感的表現で子どもの気持ちには理解を示します。「バカじゃないの」とか「なんでこんなこともわからないの」とは言いません。

そして、「でもね」で話を切り替えます（この「でもね」も地味に重要です）。

最後に、行動についての指摘です。「○○するのはよくないよね。△△しよう」と。

これで、**子どもの人格を否定せず、行動だけを指摘することができます。**

ここで1つ問題です。

問題

太郎くんが、友だちにおもちゃを取られて、「返して」と言えずに、友だちを叩いてしまいました。

共感的表現を使いつつ、太郎くんにどうすべきかを伝えてください。

もちろん、行動を具体的に表現し、肯定的な表現を使うこともお忘れなく。

では、順を追って、答えをつくっていきましょう。

まずは、共感的表現から。

「友だちにおもちゃを取られて嫌だったんだよね」とか、「友だちに『返して』って言えなくて困って叩いちゃったんだよね」とかです（どこに共感すべきかは、実際に子どもを見たり、やり取りをしないとわかりませんが）。

次に、子どもに何をすべきかを肯定的に表現します。

たとえば、「友だちに謝ろう」です。

この2つを合体させると、

「友だちにおもちゃを取られて嫌だったんだよね。それはわかるよ。でもね、だからといって友だちを叩くのはよくないよ。まず、友だちに『ごめんなさい』って言いに行こう」となります。

ところで、共感的表現の使い方を誤ると、「友だちを叩きたかったんだよね。それはわかるよ」と、変な話になってしまいます。

でも、だいじょうぶです。共感の内容が間違っている場合、子どもの反応が悪いので、「あっ、これじゃないんだ」とわかります。そして、徐々に子どもの気持ちへの共感ポイントが見つかっていき、子どもの問題行動を穏やかにやめさせられる頻度が少しずつ増えていきます。

なぜか(?)穏やかに話せる

共感的表現は、はじめのうちは親の気持ちがこもっていなくてもOKです。形だけ、口先だけでもかまいません。

なぜかというと、共感的表現を使っている間に、自然に子どもの気持ちや問題行動の理由を見る癖がつき、本当に子どもに共感できる機会が増えていくからです。「共感的な表現を使う」という親の行動の変化の結果、後から親の気持ちも変わっていくわけです。

「○○したい気持ちはわかるよ。でもね、……」
たったこれだけのフレーズですが、親にも子どもにもよい変化が生まれます。

それと、もう1つよい効果があります。共感的表現を使うと、親が怒っていても、多少、トーンを抑えた口調・声で話すことになるのです。不思議ですねー。

ちょっとイメージしてみてください。子どもを叱るときに、どなるような口調で共感的表現を使うママの姿を。

「まだ遊びたいんでしょ‼　それはわかるわよ‼　遊ぶの好きだもんね‼　でもね‼　ごはんの時間だからイスに座ってよ‼」

これではコミュニケーションは成立しないのです。

……無理ですね（笑）。共感的表現を使うと、なぜだか、もっと抑えた、諭すような感じの話し方に自然となるのです。

④環境を整える

ここまで、行動を具体的に表現する、肯定的表現、共感的表現の3つの「言い方」を説明しましたが、最後は違う角度で、「環境」について説明します。

まずは、いきなり実験です。ここだけは、なるべくイメトレではなく、実際にやって体験してみてください。

誰でもいいので、大人の方1人（パパでも、ママ友でも、実家のお母さんでも、気楽にお願いできる人）といっしょにやってください。

実験1

2人ともイスに座って、向き合ってください。

30秒ほど、好きな食べ物について話し合ってください。

実験2

1人は座ったままです。もう1人は立って、相手のそば（30センチくらい）に近づいてください。

この状態で、また30秒間、先ほどのお話の続きをしてください。スタート！

実験3

実験2で立っていた人は座り、座っていた人は立ち、話を30秒続けてください。スタート！

実験4

最後は、2人とも立って、背中を向け合ってください。2人の距離は2メートルほど離れてください。

この状態で、一切後ろは見ずに、直立不動のまま、話を30秒続けてください。どうぞ！

いかがでしたか？　なんとなく、言わんとしていることがわかりましたかね。

まず、一番話しやすかったのはどれかというと、実験1のはずです。やはり、お互い向き合っていて、目線が合っていると話しやすいですよね。

そして、実験2、実験3の片方が立っていて、もう片方が座っている状態だと、話しにくかったですよね。

それも、立っている人と座っている人とでは、話しにくさの質が違っていませんでしたか？　座っている人は上を見て顎を出して受け答えをする格好の不自然さが気になる程度ですが、問題は立って話をする人のほうです。立っている人は、いろいろとぎこちない動きをしがちです。膝を曲げて腰を落としたり、腰をかがめたり、手を不自然に動かし続けたり、と。

なぜ、こんなぎこちない動きをしたのかというと、座っている相手に威圧感を与えないように、もしくは相手に威圧感を与えてしまう状況の居心地の悪さから、自然と先ほど挙げたような動きをせざるを得なくなってしまうからです。

大人どうしの関係なので、相手に威圧感を与えることは回避しようとするわけです。

ところが、これが自分の子どもに対してだったらどうでしょうか。そんなこと、いちいち気にしませんよね。相手は自分の子どもだし、日常生活の中でいちいち気を使っていられないし……。

でも、子どもに対して、立ったまま話すとどうなるか。威圧感を与えてしまうわけです。

特に、子どもを叱るときです。

ただでさえ、子どもは叱られるのが嫌で、抵抗したり、逃げようとしがちなのに、さらに威圧感を与えてしまうと、よ

りいっそう難易度を高めることになります。

つまり、子どもと目線の高さが合っていない状態で、立ったまま子どもを叱るのは、負け戦を挑むようなものなのです。**しつけを目的とするのであれば、伝わることが重要です。**一生懸命叱っても、子どもに伝わらないのはむなしいですよね。

子どものそばまで行って、目線を揃える

保育園や幼稚園で、先生たちがさっと両膝を床に落として、子どもと目線を合

わせて話す姿をよく見かけませんか？

先生たちは自然にしていますよね。なぜ膝を落とすのか？　そのほうが伝わりやすいからです。

保育園・幼稚園にお子さんを通わせている親御さんは、園で先生たちの膝を見てみてください。おそらくズボンの膝の部分が擦り切れていたり、色あせたりしています（おしゃれな園だと見られないかもしれません）。

でも、膝を落として目線を合わせるのは、かつてはどの親御さんもされていたことなんです。

昔、しませんでした？　子どもがまだ1歳前後で歩きはじめた頃、子どもの前で膝を落として、「どうしたの～？　太郎ちゃん。リモコン拾ったの？　いいねえ。よかったねえ。（よしよし）」みたいな。

ところが、子どもが大きくなってクソガキ化してくると、みんな忘れてしまいます。そして、叱るときには、立ったまま、「こらあーーっ！」となるわけです。

私も自分の子どもに注意をしたり、少し難しい話をするときは、子どものそばまで行き、膝を落として話します。子どもと距離が離れれば離れるほど、話は通じにくくなるし、立ったまま話しても通じにくくなるのです。

だから、やることは簡単です。

子どものそばまで行って、目線の高さを揃える。これだけです。

特に叱るときは、この環境を整えることが大事なのです。

子どもが悪さをする　↓　子どものそばまで行く
↓　しゃがむ　↓　目線を合わせる　↓　話スタート

注意事項としては、子どもによって、ほどよい距離や位置関係は違い、同じ子どもでも成長に応じて変わってくるということです。

たとえば、正面に来られると怖がる子もいますし、中高生になると近すぎる距離を嫌がったりもします。なので、環境を整えようとすると、まずお子さんと、どういう距離や位置関係が伝わりやすいのか探ってみる必要があります。

なかには、「悪いことをした子どものために親が膝を落とすのは変だ。子どもには親の威厳を示す必要があるだろう」と言う親御さんもいます。

しかし、子どもに威圧感を与えなくても、親として「これはいけないことだから退かないよ」という姿勢を持っていれば、親の立場が崩れることはありません。

親の威厳のために子どもを威圧しても、しんどいだけです。伝わりにくくなるだけですから。

✿ なるべく周りに子どもの注意をそらすものがない環境で

ほかに、環境面で気をつけるポイントは、**子どもの目や耳などに刺激となるものを避ける**ことです。

たとえば、子どもを叱っているときにテレビがついていれば、どうしても子どもの目はテレビに行ってしまいます。耳も、テレビの音を拾ってしまいます。

また、まわりで兄弟が騒いでいれば、そちらが気になってしまいます。子どもがおもちゃを握ったままの状態で叱っていれば、おもちゃをいじりたくなってしまいます。

子どもに話をしたいときや叱るときは、なるべく子どもの注意をそらしてしまうものがない（少ない）環境を整えましょう。

子どもに話す内容も大事ですが、環境も大事です。

「環境が整っていると話が伝わりやすい」ということは、裏を返すと**「環境が整っていなければ話は大して伝わらない」**ということです。話す内容がいくらわかりやすくても、環境が整っていなければ意味がないのです。ここ、大事です！

とはいっても、日常生活では、環境を整えようがない場面も必ずあります。その場合はあきらめる勇気を持ちましょう。

たとえば、車を運転中に後部座席で兄弟がケンカをはじめたとき。理想的には、車を停めて後ろを向いて、子どもたちに話しかけたいところです。

しかし、車を停める場所がないとか、急いでいて車を停めている時間がないとき、どうしましょうか。運転をしながら、前を向いたまま、大きい声で注意するしかないですよね。

この場合、環境は整っていません。というか、整えようがないです。だから、当然の結果として、子どもたちには大して伝わらないでしょう。

でも、これが伝わらないのは親のせいでもないし、子どものせいでもないです。「環境が整ってないから、あんまり伝わらないよなあ」とあきらめましょう。

楽しい練習タイム

さあ、この本の真骨頂、「練習タイム」です。これまでに出てきた「具体的な表現」「肯定的な表現」「共感的な表現」「環境を整える」の4点について、これから練習をしていきます。がんばってイメトレしてください！

注意

ここでの「答え」は唯一の正解ではなく、方向性を示しているだけのものです。

また、個々の場面設定からはいろいろな見方をすることができます。「この程度は注意しない」「いやいや、ここはほめるより叱るべきだろう」と、人によって意見が割れることは多々ありますが、ここでのポイントは、「仮に、この行動が問題行動（もしくはよい行動）だという設定にした場合、どのように伝えるのが効果的か」ということです。

だから、ほめるべきか、叱るべきか、気にしないレベルなのか、という設定に対する価値観の違いは気にしないで進んでください。この本で触れるのは、価値基準ではなく、子どもへの伝え方です。

それでは進みましょう。登場する子どもは「太郎くん」（5歳）の設定でいきます。

練習1

朝、ママがごはんをつくっていると、太郎くんが起きてきました。太郎くんは、黙って食卓のイスに座りました。
最近、太郎くんはなぜか「おはよう」と言わなくなっています。
ここでの問題行動は、「『おはよう』と言わなかったこと」だとします。
さあ、行動を具体的に表現して、太郎くんに何と注意しましょうか。

なるべくシンプルに、何をすべきかを伝えます。

答え

「太郎くん、朝起きてきたら、『おはよう』って言ってね」

練習2

翌朝、太郎くんが起きてきました。今日も太郎くんは「おはよう」と言いませ

んが、本人は忘れているだけのようです。そばにいたパパが優しく言いました。

「太郎、朝起きたら『おはよう』だろ」

それを聞いた太郎くんは、素直に「おはよう」と言いました。

太郎くんが素直に「おはよう」と言えたことを、よい行動だととらえます。

ここで、行動を具体的に表現して、太郎くんをほめてあげてください。


ほめることは大事です。多くの親御さんは、子どもの悪い行動は100%近く見つけますが、よい行動はけっこうスルーします。「できてあたり前」みたいな感じで。ですが、**できた行動をほめて、よい行動を増やしていくことはとても大事です**。ここでも、「おはよう」と言えたことをほめると、次回に「おはよう」と言える可能性が高まるので、ぜひともほめておきたいところです。

それと、**ほめる場面でも、行動を具体的に表現することは大事です**。今の場面では、ほめるにしても、「えらいね」で終わることも多いのですが、それだと子どもに伝わりにくいのです。

「えらいね」だけの場合、お父さんに言われて素直に従ったことがえらいのか、「おはよう」と言えたからえらいのか、子どもからするとわかりにくかったりします。


幼稚園の先生のお話で、こんなことがありました。毎日ケンカをしてしまうやんちゃなAくんが、ある日ケンカをしないで過ごせました。

昼食が終わってから、先生はAくんをほめました。

「Aくん、えらいね。今日はケンカしてないね」

Aくんも「うん、すごいでしょ」と答えました。

先生はうれしかったので、帰りがけにAくんにもう一度言いました。

「Aくん。今日はえらかったね！」

Aくんは答えます。「何が？」


大人なら、「わかるだろ！」という場面ですが、子どもにはいろんな出来事があるなかで「えらいね」とだけ言われても、何のことかわからなかったりするのです。

もちろん、子どもの年齢や成長度合いによっても違いますが、**せっかくほめるのであれば、「何がよかったのか」をつけておいたほうがもれなく伝わります。**

答え

「えらいね。『おはよう』って言えたね」

練習 3

太郎くんは、朝、なかなか短時間で着替えることができません。今日も服が入っている引き出しの前で、パジャマ姿でボーっとしています。

ママは、台所のカウンター越しにその姿を見つけました。ママと子どもの間には5メートルほどの距離があります。

ここでは、「行動を具体的に表現する」と「環境を整える」の2点を練習します。

まず、環境の面では、ママと子どもの間には距離があります。親の気持ちとしては、その場で太郎くんにガツンと言いたいところですが、離れたまま大声で話しても負け戦です。
ママは、話をする前にどうすればよいでしょうか。

答え

まず、子どものそばに行って、しゃがんで目線を合わせます。
子どもに声をかけて、子どもがママの目を見ていれば環境は整いました。

練習3の続き

では、環境が整ったので、ママは行動を具体的に表現して、太郎くんに何をすべきかをシンプルに伝えてあげてください。

あいまいな表現だと、「いいかげんにしなさい、いつまでボーっとしてんの？」のようになります。思わず言っちゃいますね。

あと、ここでは、「着替えてね」と1回言っただけでは、子どもはすぐには動かないかもしれません。子どもは、わかってはいても、気持ちを切り替えるのに時間がかかることがあるからです。

こういうときは、怒らずに5～10秒くらい間隔を置いて落ち着いたトーンで「着替えてね」とだけ繰り返すとうまくいくことがあります。**ガミガミ言わずに、子どもが自発的に動くまで待つ**のです。

1回の指示で従わなくても「そんなもんだ」と思って、何回かチャンスをあげてください。そうすると、意外に子どもはすんなり行動できたりします。もちろん、これも可能性の話なので、何回言ってもできないこともありますが、やってみると、「あっ、3回言っただけでできた」、なんて場面に出くわしたりします。

これで着替えができたのであれば、やはりほめましょう。親に言われたからではあっても、子どもが自分の意志でできたことはよいことですから。

答え

答えはいくつもあります。「着替えてね」「早く着替えて」「まずパジャマを脱いで」などです。簡潔に具体的に、行動を表現していればＯＫです。

練習4

翌朝です。太郎くんは、なんとか着替えを1人でできました。時間はかかったけれど、昨日よりは短時間ですみました。ママもガミガミ言わずにすみました。さあ、行動を具体的に表現してほめてあげてください。

答え

「えらかったねえ。1人で早くお着替えできたねえ」

練習5

今度は、朝ごはんです。太郎くんは、ごはんを食べながら牛乳の入ったコップを揺らして遊んでいます。

太郎くんを注意するために、まず「環境を整える」という点では何をしましょうか。

答え

子どものそばに行き、目線を合わせる。コップから手を離させる。

練習5の続き

次は、行動を具体的に表現するのをパワーアップさせて「肯定的な表現」を使います。太郎くんに、何をすべきかを肯定的な表現「〇〇してね」で伝えてください。

ちなみに、「食べる」「寝る」「トイレ」といった生理的な行動についてのしつけには注意が必要です。これらには、子ども自身がコントロールできない部分があるからです。

練習5のコップで遊ぶことは、子どもがコントロールできることだから、注意してももちろん問題はありません。しかし、たとえば、少食であまり量を食べられないといった、コントロールできないことをきつく叱られても、できないことはできないですし、プレッシャーになって、よりごはんが食べられなくなることもあります。「食べる量が少ない」「好き嫌いが多い」などは、講座の中でもよく質問があるのですが、子どもにとってプレッシャーにならない範囲で、できることを促し、ほめる程度にしておくことをおすすめしています。

好き嫌いへの対応方法については、プロの栄養士さんにおまかせするとして、とりあえず、食事中に叱ったり、強いプレッシャーを与えることは避けたほうがいいでしょう。子どもにとっては食事が拷問のようになり、よけいに嫌いになり、食べられなくなったりすることもあります。

答え

「コップを持つなら牛乳を飲んでね」とか、「遊ぶのはよくないよ。ごはんを食べてね」などになります。

否定的な表現であれば、「コップで遊ばないで」となります。

練習 6

食事中の太郎くん。今度は身体を横に向けて、窓の外を見ながらごはんを食べはじめました。

「肯定的な表現」を使って、太郎くんに何をすべきかを伝えてください。

答え

「太郎、前を向いて食べてね」

おまけ情報です。講座の中で、ママたちの答えに疑問形がよく登場します。この疑問形は、大別すると3パターンがあるようです。今の練習6を例にすると、こんな感じです。

①伝えたいことを明確にして、フラットに聞く疑問形

ママ「今さあ、横向いて食べてるけど、それはよいこと？　悪いこと？」

太郎「悪いこと」

ママ「そうだよね、じゃあ前を向いて食べよう」

といった感じです。これは、子どもに考えさせたり、子どもの理解を確認できていてよいと思います。

②優しすぎる疑問形

ママ「太郎くん。何をしてるのかな？」
太郎「ごはん食べてるの」
ママ「そうかあ。今、横向いて食べてるけど、それはいいことかな？」
太郎「いいことだよ」
ママ「う～ん。ママは横を向くのはいけないことだと思うんだけど、どうかな？」

講座内でトレーナーは子ども役をするので、私も子ども役で何度もこのパターンに出くわしていますが、これは本当にわかりにくいです。

その場の雰囲気を理解すれば、言われているニュアンスが「横を向くな、前を向け」なのはわかるはずなのですが、言われているほうからすると、ただ質問されているだけで、親の意図がわからなかったりします。

子ども役も思わず、「何してるのかな？」↓「何もしてないよ」、「横向くのはいいことかな？」↓「うん、いいこと」と答えたくなってしまいます（私がひねくれてるから?)。

③親の怒りやイヤミが込められた疑問形

ママ「ねえ！　ママなんて言いたいかわかる?」

これもわかりにくいです。私自身も、妻から唐突に、「ねえ！　何か言うことないの?　なんで怒ってるかわかる?」と言われると困ります(汗)。

あと、「なんで○○するの！」というのもわかりにくいです。「なんで着替えないの！」「なんでお茶をこぼすの！」というやつです。

一応、質問という形はとっていますが、皮肉や責めることが目的であって、理由を聞く気はありません。

子どもが理由を答えようと「だって」と言うと、即座に「だってじゃないでしょ！」とカウンターが飛びます。

この②と③は、直接はっきりと言わず、言外の意図を察しなさいというわかりにくい表現なのです。

②や③の質問をするのなら、率直に「横は向かずに前を向いて食べてね」と言ったほうがよっぽど伝わりやすくて楽です。伝わらないと親がしんどくなるだけです。

練習7

さあ、着替えとごはんがすんだ太郎くん。あとは歯磨きをすれば用意は完了です。

ところが、太郎くんは、歯を磨かずにおもちゃで遊ぼうとおもちゃ箱の前に行ってしまいました。

ここでは、太郎くんに歯を磨かせることを目標とします。まず、「環境を整える」ためにどうしましょうか。

答え

そばまで行って、しゃがんで目線を合わせる。おもちゃをいじりはじめているのであれば、おもちゃから手を離させ、ママのほうを向かせる。

練習7の続き

では次に、「共感的表現」を使って、太郎くんに理解を示してあげてください（共感的表現は「〇〇したい気持ちはわかるよ」でしたね！）。

答え

「おもちゃで遊びたい気持ちはわかるよ」とか、「おもちゃで遊びたいよね、それはわかるよ」です。

練習7の続きの続き

さあ、最後に「肯定的な表現」で、太郎くんに何をすべきかを伝えてください。

答え

「歯磨きをするよ。洗面所に行こう」

共感的表現と肯定的表現をつなげると、「おもちゃで遊びたい気持ちはわかるよ、でもね、まず歯磨きをしよう。洗面所に行くよ」となります。

練習 8

太郎くんは、歯磨きが終わって積み木で遊んでいました。ママと太郎くんは、「30分後に出かけるから、積み木を片づけようね」と約束していました。

30分経って、出かける時間になったので、ママは太郎くんに「出かけるから積み木を片づけて」と言いました。すると、太郎くんは、「まだ遊ぶ！　片づけるの嫌だ!!」と大声で叫んで、持っていた積み木を投げました。

ここは難しいです。しかし、あえてノーヒントで、「肯定的な表現」を使って、簡潔に何をすべきかを太郎くんに伝えてください。

太郎くんは、「約束を守らず、片づけをしなかった」&「『嫌だ』と大声で叫んだ」&「積み木を投げた」という3つの問題行動をしています。

子どもが一度に複数の問題行動をした、もしくは子どもを注意したら反抗して新たに悪さをした、ということはよくあることです。

このときどう対応するかというと、1つに絞って話すのです。親としてはどれもつぶしておきたいところですが、**ぐっとこらえて、親が優先順位の一番高いと思うものを叱る**のです。

もし、今挙げた3点を全部叱るとどうなるでしょうか。リアル版やってみます。

「ねえっ！　なんで約束を守れないの？　さっき約束したじゃない！　あんたも『うん』って言ったでしょ！　なんで今片づけないの？　しかも、なに大声で叫んでんの？　ママはそういうの嫌だって言ってるでしょ‼　近所迷惑なの‼　わかんないの？　だいたい、なんで積み木を投げるの？　もう積み木捨てるよ！　いらないんでしょ！　捨てるよ！」

と、3つもつぶしにかかると長～～くなります。親が一生懸命叱った努力は報われず、子どもには話が多すぎて内容がぼやけてしまいます。

親自身も、「……ん？　私、何を叱ってたんだっけ？」となったりしますよね。となると、1つに絞るのがよいです。そのほうが伝わりやすいから。

あと、ここでも共感的表現が欲しいところです。これがあるだけで、話が通りやすくなります。

答え

「積み木を片づけて」or「片づけるのが嫌なのはわかったけど、大声で叫ぶのはよくないよ。ママと同じ声の大きさで、もう一度『嫌だ』って言ってみて」or「積み木を投げるのはよくないよ。拾って」などです。

練習 9

練習8の応用問題です。「積み木を片づけて」と言われた太郎くん。しぶしぶ

片づけをはじめました。しかし、納得できなかったらしく、片づけを途中でやめてしまいました。
ママが再度、「片づけて」と言うと、太郎くんは「あとでまた遊ぶから片づけない。テレビだってしまったりしないでしょ」と屁理屈をママに言いました。
ここでは、「積み木を片づけること」だけに絞って太郎くんに話をしてください。
さあ、太郎くんに何をすべきかをシンプルに伝えてください。

答え

「まず片づけよう」

練習9の続き

太郎くんは、口答えを続けます。

「なんでいつも片づけないといけないの！　また遊ぶのに！　ママのいじわ

る！」

はい、太郎くんに何をすべきかを伝えてください。

答え

「太郎くん。片づけよう」

練習9の続きの続き

太郎くんは口からつばを出して、「ぶーっ」と吹いて抵抗しました。でも、まだ話は通じそうで、かんしゃくは起こしていません。

はい、太郎くんに何と言いましょうか。

答え

「はいはい。片づけよう」

練習9の続きの続きの続き

では、最後に「共感的表現」を入れつつ、太郎くんに何をすべきかを伝えてください。

子どもがかんしゃくを起こすわけではなく、抵抗はしていても話が通じる状態であれば、このようなやり取りでけっこう丸く収まったりします。ここで重要なのが、親御さんの気持ちです。

先のやり取りで、「10〜20分使ってもいいや」と思えるときならいいのですが、イライラしているとき、気持ちに余裕がないときは、このような対応ができなくて当然です。できなくても気にしないでください。

それと、子どもが口答えをすると黙っていられず、会話上でも1つ残らずつぶそうとする親御さんの姿をよく見かけます（会話が好きな方に多いような気がしますが）。

子どもの口答えにつられて、話の焦点がぼけないように気をつけましょう。

答え

「片づけしたくないのはわかったよ。それに、まだ遊びたかったんだよね。それはわかった。でもね、もう出かける時間だから片づけよう」

練習10

積み木のトラブルも収まり、何とか出かける準備をして、玄関まで親子で来ました。ところが……、
ママ「はい、じゃあ、靴を履いて」

太郎「いやだ」。はい、きました。謎の抵抗です。

でも、この場面、まだママに気持ちの余裕があったとしましょう。

さあ、まず「共感的表現」をどうぞ。

たとえ、本音では「ふざけんな、いいかげんにしろ！」と思っていても、**形だけでも共感しておきましょう。**ここで共感的表現を使えば、話がスムーズに進む可能性が高まります。

親のほうも共感的表現を口にすることで、「まあ、太郎も積み木を我慢して片づけて、まだ気持ちが収まらないのかな」と、子どもの気持ちを少しイメージできる場合もあります。

答え

「そうか。今は靴を履きたくないんだね。まあ、その気持ちはわかったよ」

練習10の続き

では、ここで「肯定的表現」で太郎くんが何をすべきかをどうぞ。

ここでは、子どものすべき行動を細かく分解して、「ほら、まず靴のところまで行って」「座って」と促すのもよいでしょう。

答え
「靴を履いて」

＊

さあ、これでコミュニケーションの練習はおしまいです。

これだけくどくどと、
・具体的な表現
・肯定的な表現
・共感的な表現
・環境を整える
と連呼されると、嫌でも頭の中に入ったのではないかと思います。

そして、ここから大事なのが実践です。**この本は、実践してはじめて効果が上がるものです**。だから、だまされたと思って、お子さんとのやり取りに使ってみてください。

講座をしていると感じるのですが、CSPで効果が出やすい人は、ズバリ「だまされやすい人」です。信じて家で実践するからです。反対に疑り深い人は、講座ではスムーズに練習をこなしても、家で実践しないため、先に進めないことが多々あります。

「実践する」→「子どもの反応が違うと実感」
→「なるほど」→「他の場面でも実践する」

というサイクルをぜひ回してくださいね。

1
Column

「いつ実践すればいいの？」

講座の中で、受講したママたちに必ずお伝えしているのですが、CSPを実践するのは、**時間と気持ちに余裕があるときだけで十分です。**

たとえば、朝、幼稚園年長の子どもがダラダラとごはんを食べているとします。時間的にかなり厳しいです。あと10分で家を出ないといけないのに、着替えもまだできていません。ママも必死にお化粧をしています。

そんななかで、ダラダラとごはんを食べている子どもをCSP的に注意しようとすると、「環境を整えるために持っていたファンデーションを置いて、洗面所から子どものいるテーブルまで行って、膝を落として子どもと目線を合わせて、子どもの気持ちに共感しながら行動を具体的に表現してって……、やってられるか――っ!!」ってなりますよね（笑）。

ここで無理をしてCSP的にいこうとしても、時間と気持ちの余裕がない以上、うまくいく可能性はとても低いです。むしろ、トラブルが起きかねません。

やれるときにやればいいんです。それで十分、効果は出ます。時間的にも、気持ち的にも余裕があるときに、「あー、ちょっとやってみるかな」と思ってやってみれば効果は出ます。そうすると、「この場面でも使ってみよう」と、自然と実践が増えていくことになります。

だから、受講者のママたちから、

「朝、子どもが言うことを聞かなくて、ほとんど毎日トラブルになるんです。どうすればいいですか？」

とよく聞かれるのですが、講座のはじめの頃であれば、私は即答します。

「あー、無理です。あきらめましょう」と。

講座が5回目、6回目にもなってくれば、それまでに習った内容と、進んだ改善の蓄積で、朝の場面でも対応できることも増えますが、それでも、「これで朝はまったく問題がなくなりました」なんて方は、たま――にしかいらっしゃいません。朝はみなさん余裕がないですから。

あと、あんまりまじめにやりすぎないように気をつけましょう。講座の中でも、「せっかく習っているのに、うまくできなくて落ち込むんです」といったお話はよくあります。

気持ちはわかるのですが、**なるべく気楽にいきましょう**。家事や子育てで忙しいなか、できることには限界があります。それに、日常のことなので、**厳密にやろうとすると疲れてしまいます**。

もう一度言います。やれるときにやればいいんです。どなる頻度が4減らせられればいいんです。それでも効果は出ますから。安心してくださいね。

この章のまとめ

● しつけの目的は教育であり、伝えること!

● どならなくてすむコミュニケーションの4つのコツは、
1 行動を具体的に表現する
2 肯定的表現を使う
3 共感的表現を使う
4 環境を整える

● 人格ではなく、行動を指摘する

● 子どもに話す内容も大事だけど、環境も大事!

2

どならないですむための しつけの基本

この章では、しつけの基本として、子どものよい行動にはどのようなよい結果を与え、悪い行動にはどのような悪い結果を与えるのがよいのか、について説明します。この話は、一見、ごほうびと罰の話に似ていますが、少し違います。そして、その少しの違いがけっこう大きな違いを生みます。

例を見ながらいきましょう。

●よくあるまずい例

ママと太郎くん（5歳）がスーパーへ行きました。買い物が終わって、スーパーから出たところでソフトクリームを売っていました。太郎くんは、「ソフトクリームが食べたい」と駄々をこねはじめました。

ママは「おやつを食べたばかりだから、ソフトクリームは買わないよ」と言いましたが、太郎くんは「ソフトクリーム買って！　買ってよ！　食べたい！」と言い続け、とうとう座り込んでしまいました。そして、帰る時間が遅くなってしまいそうだったので、ママはソフトクリームを買い与えました。

この場合、次にママと太郎くんが同じスーパーに行き、太郎くんがソフトクリームが欲しいと思ったとき、太郎くんはどのような行動をすることが予想されるでしょうか。

そうです。座り込んで「ソフトクリームを買って」と繰り返すでしょう。

では、太郎くんのこの駄々をこねるという行動を最も強めたのはどの部分でしょうか。

答えは、ママが最終的にソフトクリームを買い与えたところです。

駄々をこねた太郎くんにママが与えた「結果」は、「ソフトクリームを買い与えたこと」です。そして、その結果は太郎くんにとって「よい結果」だったので、太郎くんの駄々をこねる行為を強めたわけです。

もし、太郎くんの駄々をこねることを弱めようとする場合、ママはどのようにふるまえばよかったでしょうか。

答えは、「ソフトクリームを買わない」とか「座り込みをやめさせて立たせる」「『がまんする』と言わせる」など、太郎くんにとって「悪い結果」を与えることです。

子どもの行動に対して、よい結果を与えればその行動は増え、悪い結果を与えればその行動は減っていきます。

この話はそんなに難しい話ではありません。私たちが知っている「ごほうびと罰」の仕組みを少し明確にして、「ごほうび」→「よい結果」、「罰」→「悪い結果」と、ちょっと違ったものに置き換えるだけです。

このよい結果、悪い結果の話を聞くと、「動物の調教みたいで嫌だ」とおっしゃる方もいらっしゃいますが、私たちはごく自然に「ごほうびと罰」をもらって育ってきていますし、子どもにも使ってきています。それを明確にして、少し変えるだけの話です。

子どもがよいことをしたらほめる、よしよしする。これらによって、子どものよい行動が増えていく。
悪いことをしたら、悪いことだと伝えてもう一度やり直させたり、元に戻させたりする。その結果として、悪い行動が減っていく。

ただそれだけのことです。
では、具体的な中身を見ていきましょう。

よい行動には、よい結果＝「よかった体験」を

子どもがよい行動をした場合、そのよい行動を増やしていくために、親が子どもに与えるとよいのは「よい結果」、つまり「よかった体験」です。文字どおり、子ども

が「よかったぁ」と思えるものです。

具体的には、**よしよしする、頭をなでる、抱きしめる、ハイタッチをする、「えらいね！」「すごい！」などと言葉でほめる**など、親の行動でできるものがよいです。

ＣＳＰは「ほめましょう大作戦」なので、小さなこともたくさんほめます。そうなると、お金やモノではなく、親の行動なら無限に使える「よい結果」となるのでおすすめです。

悪い行動には、「罰や制裁」？

日本的な子育てでは、子どもが悪いことをしたとき、たとえ子どもであっても重たい罰を与え、その罰から「自分で何が悪かったのかを思い知れ」という流れがあります。しかし、子どもにとっては、重たい罰はとてもわかりにくいコミュニケーションとなりがちです。

たとえば、おもちゃをなかなか片づけられず、親に口答えしている子どもに対して、親が怒り、「これは罰だ」と言って、おもちゃを1つ捨てたとします。そして、子どもは泣きながら片づけました。

この場合、子どもの中にあったものは、「おもちゃを捨てられたぁ!」「悔しい」「悲しい」「怖い」「泣いていたから、何がなんだかわからない」といったものでしょう。

この状況では、子どもには主体的な意志や理解は期待できず、前述のネガティブな感情のなかで、混乱しながら「言われたとおりにしただけ」となりがちです。

罰が一線を越えると、子どものほうは罰で頭がいっぱいになってしまい、「たしかにこれはまずかったな、次からはこうしよう」などと考える頭の余裕を奪ってしまいうのです。

そして、ここからが重要です。今の場面で、親がしたかったのは「しつけ」です。

しつけとは、教育です。だから、伝わらないと始まりません。

悪い行動に罰を与えても、わかりにくくて伝わりにくいのです。そのオチとして待っているのは、

・子どもに大して伝わっていない
・親子関係の悪化
・次回、また「罰」を与える親側の痛み

など、ろくなことがありません。

つまり、**どなりつける、叩く、おもちゃを捨てるといった罰は、親がしんどくなるだけ**なのです。

悪い行動には、悪い結果=「しまった体験」を

では、子どもが悪い行動をしたときに罰以外の何を与えるのかというと、「悪い結果」です。**悪い結果を与えて、悪い行動を減らしていきます。**

悪い結果とは、子どもが「しまった」と思えるもの、つまり「しまった体験」です。そして、罰ではなく、**「しまった体験にとどめる」**というのがポイントです。

罰と「悪い結果」の違いは、子どもの気持ちに余裕を残せるかどうかです。しつけとして叱る以上は、「やめとけばよかったな」「ああすればよかったな」と子どもに反省させる必要があります。

そして、反省するには、ある程度の気持ちの余裕が必要です。めちゃくちゃ強く叱られているなか、もしくは重たい罰を受けた後では、反省どころじゃないです。だから、「悪い結果」にとどめる必要があるのです。

たとえば、子どもがイスに座っておやつを食べるときに、ふざけて踊ってジュースをこぼしてしまったとしましょう。この場合、罰であれば、叩く、おやつを1週間抜きにする、家の外に叩き出す、などになります。

一方、「悪い結果」であれば、

・ジュースを半分の量にする
・おやつを食べはじめる時間を3分遅らせる
・踊らずにまっすぐ前を向いて座る練習をさせる
・こぼしたジュースを拭かせる

などになります。

「悪い結果」の3パターン

では、具体的な「悪い結果」の中身に入ります。
悪い結果は、次の3パターンでたいていの場面に適用可能です。

①子どもたちの楽しみに制限を加える方法

例：テレビを見はじめる時間を数分遅らせる、食べるおやつの量を少し減らす

②もう一度させる方法

例：「ただいま」と言わずに家に入ってきた子どもを玄関まで連れて行き、「ただいま」と言わせる

③元に戻す責任をとらせる方法

例：洗面所を水びたしにしたので拭かせる、イスを倒して遊んでいたので元の場所に戻させる

もう一度言いますが、悪い結果の重さは、**子どもが「しまった」と確かに思う範囲内で、軽めのものがおすすめ**です。一般的に罰として与えられているものより、かなり軽めです。もちろん、軽すぎると、「しまった体験」にならないので、お子さんのタイプや状況によって判断しないといけません。

悪い結果は、罰より軽いので、子どもが反省する気持ちの余裕を持つことができます。親の諭しも入りやすくなります。罰にまでいってしまうと、子どもの抵抗度も上がりがちです。行き過ぎれば、子どもに話が入りにくくなるのです。

大事なことなので繰り返しますが、罰より軽い「しまった体験」にとどめるのは、しつけが目的だからです。子どもに伝わりやすく、反省を促しやすいからです。親のストレスの発散が目的ではありません。

また、罰より軽いからといって、決して甘やかすわけではありません。親として、いけないことは一歩も譲らず、「しまった体験」を与え、子どもに何が悪かったのか、次からどうすればいいのかを主体的に理解させるのが目的です。

楽しい練習タイム

それでは、楽しい楽しい練習タイムです。

練習1

まずは「よい結果」の練習です。

ママは、太郎くんと食品を買いにショッピングセンターへ行きました。太郎くんが「少しだけおもちゃを見たい」と言うので、ママはおもちゃ売り場に寄りました。

そこでママは、最近、おもちゃ売り場から離れる際に、太郎くんが泣きわめくことが何度かあったので、「今日はどうだろう……」と少し心配になりました。

しかし、10分後にママが「太郎くん、それじゃあごはんを買いに行くよ」と言ったところ、太郎くんは素直におもちゃを見るのをやめて、ママのそばまで来ました。

では、問題です。太郎くんの行動を具体的にほめつつ、太郎くんに「よい結果」を与えてください。

ほめるだけでもしつけの効果はありますが、**「よい結果」をつけ加えると、効果がよりパワーアップします。**そして、よい結果は無限に使える些細なものがいいです。その場に応じた、子どもが「よかったぁ」と思えるものが望ましいですが、気のきいたよい結果が浮かばなければ、「よしよし」でも十分です（年齢にもよりますが）。

今の場面では、「おもちゃを見るのをやめられてえらかったね」とだけ言うのと、その後に「よしよし」とつけ加えるのとでは、「どちらが次回、太郎くんが同様におもちゃ売り場からスムーズに離れられる可能性を高めるのか」と聞かれれば、後者ですよね。大きな差ではないけれど、確かに効果に違いはあります。

答え

まず、行動を具体的にほめる部分は、「すぐにおもちゃを見るのをやめられてえらいね」「呼ばれてママのところに来たのは立派だよ」といった感じです。

そして、「よい結果」は、よしよしする、ぎゅっと抱きしめてあげる、「じゃあ、手をつないで歩こう」「じゃあ、パンは太郎くんが選んでいいよ」と言うなどになります。

合体させると、「えらいね。おもちゃを見るのをすぐにやめられたね。よしよし」とか、「呼ばれてすぐにママのところに来られたね。立派だよ太郎くん。じゃあ、立派だったから、この後パンコーナーでパンを選ぶ係は太郎くんにまかせるね」というようになります。

練習 2

最近ママは、太郎くんに「幼稚園から帰ってきたら、かばんから弁当箱を出してママに渡してね」と教えました。しばらくはなかなかできませんでしたが、今日、とうとう太郎くんは自分から弁当箱をママに渡すことができました。

さあ、行動を具体的に表現して太郎くんをほめながら、「よい結果」を与えてください。

「よい結果」には、ぎゅっと抱きしめる、「ほんとに立派だよ」とあらためて言葉で認める、「じゃあ、一緒に遊ぼうか」「今日はおやつを自分で選んでいいよ」と言うなどいろいろとあります。

また、「じゃあ、今からおやつにしようか」というような、あらかじめ決めてあった子どもの好きな予定とよい結果を結びつける方法もあります。

「えらかったから、ママの分のプリンも一口あげるね」もありです。これは、「いいことをした」→「はい、ごほうびにお菓子を買いに行こう」というように、モノに頼りましょうということではなく、**あくまで些細なよかった体験にとどめるのがポイント**です。「えらかったから、牛乳を少し多めに入れとくね」程度のものです。

モノに頼ったごほうびは、

①よかった体験としては大きすぎる
②何度もほめるとお金がかかる
③「よい行動 = ごほうび」の構図をつくるリスクを伴う

④モノのごほうびは、子どもの成長とともに金額も上がっていくので、より①〜③が起きやすくなる

といった問題がありますので、あまりおすすめはしません。

答え

「お弁当箱をママに渡せたね、えらいね。よしよし」

練習3

太郎くんは、夜、お風呂から出たあと、1人でささっとパジャマを着て、「ママ、着替えたよ」とママのところに来ました。ママは、「えらいね、自分でパジャマをすぐに着られたね、えらいよ」とほめました。

さあ、ほめたあとにつけ足す「よい結果」はどのようなものがあるでしょうか。

よい結果・悪い結果は、行動のすぐ後に与えると効果的です。

たとえば、この練習3の場面で、ママが、「自分で着替えてえらいね。えらかったから、今度、絵本を読んであげるね」と言った場合、子どもとしては、ほめられたうれしさが減ってしまいます。

「今」ではないからです。「今度」って、いつなのかわからないし、親が言う「今度ね。また今度」というのは、あてにならないことを子どももわかっていたりします。

また、「よい結果」として1週間後に絵本を読んでもらったとしても、子どもが「がんばって着替えたから絵本を読んでもらえた」と、よい行動とよい結果の関連性をリアルにイメージできるかというと、これまた疑わしいのです。

子どもにとってわかりやすいのは、行動のすぐ後に結果を与えることです。

答え

よしよし、だっこ、ぎゅー、「髪を乾かしたら絵本を読んであげる」「パパも呼んでほめてもらおう!!」と言うなどです。ほかにもいーっぱい選択肢はあります。

練習4

ここからは、「悪い結果」（しまった体験）の練習です。

太郎くんは電車のおもちゃで遊んでいました。ママは太郎くんの好きなテレビ番組が始まる時間になったので、「太郎くん、テレビが始まるよ。テレビを見るならおもちゃを片づけてね」と言いましたが、太郎くんはおもちゃを片づけずにテレビを見ようとしました。

ママは譲らず、太郎くんにおもちゃを片づけさせました。すると、いら立った太郎くんはおもちゃの箱を蹴りました。おもちゃ箱は、蹴られた反動で10センチほど定位置から動きました。

さあ、この後、どのような悪い結果を与えるとよいでしょうか。①「子どもたちの楽しみに制限を加える方法」、②「もう一度させる方法」、③「元に戻す責任をとらせる方法」、の悪い結果の3パターンにあてはめて考えてみてください。

答え

答えはたくさんあります。どれでもいいです。

①「子どもたちの楽しみに制限を加える方法」

↓ テレビを見はじめる時間を1分遅らせる

制限を加える時間は、「ゆっくり10数えさせる程度」～「30分」くらいまでがおすすめです。「1週間テレビなし！」だと大きすぎます。

これは、その場の状況や子どもの性格・年齢によっても異なります。重要なのは、しまった体験として成立する範囲内で軽いもの、という点です。

②「もう一度させる方法」

↓ 「ママから『おもちゃを片づけて』と言われたら、片づけをする練習」をさせるこれが一番おすすめです。悪い結果を与えつつ、親が望ましいと思う行動を実際に練習させるので一石二鳥です。

③「(元に戻す) 責任をとらせる方法」

↓ 定位置から動いてしまったおもちゃ箱を元の位置に戻させる
もしくは、「ごめんなさい」と言わせるのもありです。

注意
「ごめんなさい」と言わせるのは使いやすい一方で、安易に使いすぎると、「はいはい、ごめんなさーい」と子どもが言い出すので要注意です。また、親のほうもいつの間にか「なんで『ごめんなさい』が言えないの!! 『ごめんなさい』は!?」と、「ごめんなさい」と言わせることが目的化してしまいがちです。ご注意を。

練習 5

太郎くんと弟の次郎くん（4歳）、それとママの3人で電車のおもちゃで遊んでいました。3人で電車の線路をきれいに敷いたのですが、その後で、太郎くんと次郎くんは電車の取り合いをしてしまい、2人が取っ組み合ったところ、敷いてあった線路がばらばらになってしまいました（どちらか一方が悪かったのではなく、2人とも悪かったとします）。

さあ、2人にどのような悪い結果を与えるとよいでしょうか。①「子どもたちの楽しみに制限を加える方法」、②「もう一度させる方法」、③「元に戻す責任をとらせる方法」の、悪い結果の3パターンにあてはめて考えてください。

答え

①「子どもたちの楽しみに制限を加える方法」

→ 1分間、電車を取り上げる（時間は状況によります）

②「もう一度させる方法」
↓「取り合いにならないように、2人とも使いたい場合はじゃんけんをして決めてね」と子どもたちに伝えて、実際にその場でじゃんけんをさせる

③「(元に戻す)責任をとらせる方法」
↓ばらばらになった線路を元どおりにさせる。もしくは、お互いに謝らせる

練習 6

ママが洗濯物を干して、リビングに戻ってくると、太郎くんがしまってあった掃除機を出してきて、掃除機本体の上に乗って「ブーン」と言いながら車の運転ごっこをしていました。太郎くんは楽しそうに部屋の中を回っています(ちなみに、この家には子どもが乗れるおもちゃの車が玄関の外にあるとします)。

さあ、ほどよい悪い結果を、①「子どもたちの楽しみに制限を加える方法」、②「もう一度させる方法」、③「元に戻す責任をとらせる方法」の3つ考えてみてください。

答え

①「**子どもたちの楽しみに制限を加える方法**」

↓ 1分間、イスに座らせる（遊ぶ時間に制限を加える。時間は状況によります）

②「**もう一度させる方法**」

↓「車に乗りたいのなら、玄関の外の車に乗るんだよ。今、車に乗りたいのなら、どうすればいい？」と言って、外のおもちゃの車を使わせる

③「**（元に戻す）責任をとらせる方法**」

↓ 掃除機を元の置いてあった場所に戻させる

家のルールも大事

よい結果・悪い結果を使った際には、実際によい行動が増え、悪い行動が減ったかを確認してみてください。もし、よい行動・悪い行動の頻度に変化がないようであれば、本当によい結果・悪い結果になっているのかを考え直したほうがいいかもしれません。

たとえば、弟が生まれて、赤ちゃん返りがはじまった兄がいるとします。兄が問題行動をするので、ママは普通に兄を叱りました。

ところが、兄としては、「やった！　かまってもらえた！」と、叱られることが「よい結果」になってしまい、逆に問題行動が増えてしまいました、なんていうこともあったりします。

そして、もう1つ大事なのが「基準」です。

よい結果・悪い結果を成立させるためには、また子どもをほめたり叱ったりするには、**「何がよいこと・悪いことなのか」という基準が必要です**。基準がなければ、よいも悪いもありませんから。

となると、家のルールが大事になってきます。決してルールでがんじがらめにしましょうというわけではないのですが、**ざっくりしたルール・基準はしつけには必要なのです**。

研修の講師をした際に、こんな質問をいただいたことがありました。

●質問：

小学生の花子ちゃんが自分のお小遣いから、友だちにお菓子をおごりました。そのことを聞いた花子ちゃんのママは、「お小遣いで友だちにおごるなんてとんでもない」と、花子ちゃんを叱りました。

ところが、横で聞いていたパパは「え？　別にいいんじゃない」と間に入り、「何言ってるのあなた‼」とママが怒りはじめ、夫婦ゲンカになってしまいました。

さて、ご両親はどうすればよかったでしょうか。

ご両親の間でも良し悪しが決まっていないことなので、子どもからすれば突然叱られてびっくりしたかもしれませんし、理不尽だと思ったかもしれません。であれば、叱られても納得できずに抵抗したかもしれません。

もし、家のルールで「おごるのはなし」と決まっていれば、そもそも花子ちゃんはおごらなかったかもしれません。だから、家のルールと事前の約束は大事なのです。

しつけは価値観に直結するので、**「そんなの当たり前だろう」と思わずに夫婦で、親子で確認をしておいたほうが安全**だったりします。また、考え方にもよりますが、ルールを決める際に子どもにも参加してもらうのもいいかもしれません。

それと、ルールが決まっていても、そのときどきでルールの適用が違うと子どもは混乱します。

たとえば、病院の待合室で、自分の子ども（兄弟）がふざけて少しうるさくじゃれ合っていたとします。そして、注意する・しないは次のように状況によって変わるとします。

・空いているから注意しない
・混んできたから注意する
・親の気持ちに余裕があるから注意しない
・親がイライラしているから注意する
・隣のおばさんが睨んできたから注意する
・ほかにうるさい子どもがいるから注意しない

これでは子どもは何がなんだかわかりませんし、しつけは成立しにくいでしょう。子どもの問題行動が減る可能性も低く、親もいつまでも叱り続けることになります。

夫婦でルールについて話し合っておきましょう

両親の間で基準が違うことで、子どもの混乱を招く場合の例を紹介します。

●普段：
ママ「5時のチャイムが鳴ったら帰ってくるんだよ」
↓ 子どもはなかなか帰る時間が守れずによく叱られている

●パパがいる日：
パパ「帰る時間は何時でもいいよ、いっぱい遊んでおいで」
↓ 子どもが帰る時間をより守れなくなる

子どもが、パパとママとでは考えが違うことを理解するのも大事ですが、しつけの面で夫婦の基準やルールが違うことで子どもが混乱するようでしたら、夫婦で足並みを合わせたほうがよい場面もあります。

また、今の例のように、普段はママがしつけをがんばっているのだけど、パパが休みの日に基準を壊してしまい、子どもは易いほうに流れ、「パパ大好き、ママは怒ってばっかり」とママが悪者になってしまうパターンもよく見られます。

おまけに、子どもが「パパのときはよかったじゃん！」とルールを破りだしたりすると、目も当てられません。

平日は忙しくて、休みの日だけ子どもと接するパパは、許容度が広かったり、子どもへの制限のかけ方がわからなくて甘かったり、その一方で、やけに厳しいところもあったりして、土日に基準がブレて、月曜日までその余波で子どもがグダグダ言い、ママも疲れるという流れもよくお聞きします。もちろん、パパも大変なんでしょうけどね。

そういう意味でも、**夫婦でルールや基準について話し合っておくと、お互いに楽になれるかもしれません。**もちろん、パパがそういった話に乗ってくれるかどうかもありますが。

それと、くどいようですが、がちがちのルールブックをつくりましょうというわけではありませんので、その点はご注意ください。ざっくりしたルールも大事ですよ、くらいにとらえてください。

「よい結果」と「悪い結果」、「ほめること」と「叱ること」、どちらが大事？

そんなわけで、「よい行動をしたらよい結果を与えて、よい行動を増やしましょう。悪い行動をしたら悪い結果を与えて、悪い行動を減らしていきましょう」というお話だったのですが、ここで二択の問題です。

問題

5歳の太郎くんは、最近、おもちゃを買ってもらいました。そして、太郎くんはごはんを食べ終わるとき、最後の一口を無理やり口の中に詰め込んで、「ごちそうさま」を言わずに席を立つようになりました。

太郎くんとしては、少しでも早くおもちゃで遊びたいわけです。しかし、太郎くんは、もとは「ごちそうさま」と言えていたので、おもちゃのことを忘れているときは、「ごちそうさま」と言うことができます。

このように、「ごちそうさま」と言える頻度と言えない頻度は五分五分だとします。そして、ここでは、太郎くんが「ごちそうさま」と言えないことを問題行動だとします。

さあ、ここからが二択です。選択肢のどちらかを選んでください。いきますよ。

太郎くんが「ごちそうさま」と言えるようにするには、「ごちそうさま」と言

えなかったところを捕まえて叱るのと、「ごちそうさま」と言えたところを捕まえてほめるのと、どちらが成功率が高く、親として楽でしょうか。

叱るほうが成功率が高いと思った人、心の中で手を挙げてください。叱るほうがインパクトがあるので効果的でしょうか？

それでは、反対に、ほめるほうが成功率が高そうだと思う人、心の中で手を挙げてください。

講座や研修の中でこの二択を出すと、ほぼ100％の人がほめるほうに手を挙げます（この質問は、かなり誘導的なので当然の結果でもあるわけですが）。

普段は、多くの親御さんは叱るほうにウェイトが偏りがちですが、今のように聞かれると「ほめるほうがよいのでは」と、手を挙げるわけです。

そして、それが正解です。一般的にはまだまだ認知されていませんが、**叱るのは難しいことなのです。**

子どもが悪さをして、親はそれを止めて叱る。子どもも親も負の感情を持ちながら、子どもの問題行動を矯正する。そりゃあ、難易度は高いですよね。

もちろん、悪いことをしたら叱らないといけません。でも、成功率は高くはない。

一方、ほめるほうだと、子どもはほめられればうれしいし、ほめた親も悪い気はしない。ほめられるということは、子どもは少なくとも一回はすでによい行動を行えている。子どもも、自分がすべきことは、ほめられたのと同じ行動だとわかりやすい状況でもある。だから、ほめることによる、よい行動の増加は勝算が高いわけです。

つまり、「子どもをほめましょう」というのは、子どもの自己肯定感が高まるからとか、親子関係がよくなるからというだけでなく、ドライに親のしつけの成功率、楽さで考えても有効だったりするのです。

叱るより、ほめるほうが子どもに伝わりやすく、成果が出やすい。
だから「ほめましょう」、なのです。

「うちの子、ほめるところがない」!?

講座などでこの話をすると、ある程度の確率で親御さんから次のようなご意見をいただきます。

「ほめたほうがいいのはわかりました。
でも、うちの子、ほめるところがないんです!」

さて、ほめるところは本当にないのでしょうか。
そこで私は、もう1つ意地悪クイズを出します。

問題

太郎くんは、最近、人前で鼻をほじるようになりました。精神的に落ち着くためにほじっているとかいう難しい話ではなくて、単純に、人前で鼻をほじるとみんなががまってくれるので、調子に乗ってやっているとします。

昨日に至っては、両鼻を同時にほじる新技まで身につけてしまいました。

ここでは、人前で鼻をほじることを問題行動だとします。そして、先ほどの論理でいけば、鼻をほじるという問題行動を叱るよりは、その反対のよい行動をほめたほうが成功率が高い、ということでした。

それではここで問題です。

「鼻をほじる」の反対の行動、ほめる対象となる行動はどんな行動でしょうか。


ヒントは……、単純に「鼻をほじる」の反対なので、「鼻を……」。

そうです、答えは「鼻をほじらないこと」をほめるのです。

「えらいね！　太郎くん。鼻をほじってないじゃん！　やればできるじゃん」

「今はほじってないね！　できてるじゃん。立派だよ」

といった感じです（「ほじらない」は否定的な表現なのが惜しいところですが）。

ほかにも、鼻をほじるのをやめたタイミングをほめるとか、ティッシュで鼻をかんだことをほめるとかもあります。

でも、簡単なのは、鼻をほじっていないことをほめることです。

私たちはどうしても、「ほめる」というと、とても立派なことをほめる対象に置きがちです。そして、子どもはそんなに立派なことをそうはしないので、「ほめるところがない」となってしまいます。

でも、今の例のように、問題行動に焦点を当て、その**問題行動をひっくり返せば、ほめる対象は意外と簡単に見つかります。**

この場合、ほめる対象は「立派なこと」「すばらしい行動」ではなくて、「普通のこと」です。**普通のことをほめればよいのです。**

太郎くんが鼻をほじらない頻度が増えれば、相対的に鼻をほじる頻度は減っていきます。

鼻をほじっているところを叱りますか？　成功率は高くはないですよ。ほじってないところをほめますか？　成功率は高いですよ。さあ、どっち？ということです。

このように、**ほめるということは、よい行動を増やすと同時に、問題行動を減らす効果があるん**ですねー。お得です。

ちなみに、この鼻をほじる話は、講座の中で何人かのママから、「困ってるんです」と言われ、「ほじらないことをほめてみましょう」とやってみた実話なのでした。ほじっていないところをほめられた子どもはキョトンとしていたらしいですが、子どももまんざらでもない反応で、即解決というわけではないけれど、ママたちは怒らずに対応できるようになったらしいです。

同様に、家の中で走ることを叱るより、歩くことをほめたほうが楽ですし、大声を出すのを叱るより、普通の声で話すのをほめたほうが楽なわけです。

あと、残る問題は、「そんな当たり前のことはほめられない」と思う親御さんの気持ちの面だったりします。そこが乗り越えられるのであれば、ぜひほめるほうに力を入れてみてください。**ほめるのはタダですよ。**

ということで、ほめる・叱る、どちらにウェイトを置くとよいのか、というお話でした。

Column 2

「どうすれば自分の感情をコントロールできますか？」

受講者のママさんたちから、次のような質問をよくいただきます。

「子どもへの対応を変えたら、子どもの反応も変わってきて、最近は、子どもの問題行動ではなくて、自分がすぐに怒ってしまうことが問題だと思うようになってきました。どうすれば自分の感情をコントロールできますか？」

この問題は難しいです……。CSP的な答えはあるのですが、どれも完璧に即解決というわけではないからです。でも、あきらめずに中身を見てみましょう。

落ち着くための6つのヒント

CSPでは、親が落ち着くためのヒントとして、次の6つをあげています。

①よいほうに考えましょう

悪いほうに考えはじめると、よけいにイライラしはじめ、悪いことばかりに目がいき、悪循環がはじまります。「今、悪いほうに考えはじめているな」と気づいたら、よいほうに、前向きに考えるようにしましょう。

「ムキーッ！ ……（いかんいかん。悪いほうに考えはじめてるぞ）」と、ストップできるようになるだけでも、随分とあとが楽になります。

②子どもの言葉や態度に感情的に反応していませんか？

子どもが反抗して、口答えをしたり、態度が悪かったりするとき、親は子どもにつられて、それらの言動に怒ってしまいがちです。**もとの叱る対象となっていた問題行動から焦点をはずさないようにしましょう。**つられると、ろくなことがないですから。

また、叱られる際の子どもの態度の悪さ自体を問題行動ととらえて、その点に特化して、どのようにふるまえばいいのかを教えることも大事です。

例：口答えしたり、ふてくされてだまってしまうのではなく、自分がどうしたかったのかを言葉で説明するように教える

③5秒待ちましょう

5秒間、怒っていることから意識をそらしましょう。もちろん、これだけで怒りが完全に消えることはなく、沸々とした怒りやイライラは残りますが、怒りのピークをやり過ごすことはできます。

そうすれば、少しだけ落ち着いて、あとで後悔するような「本気の大声でどなりつける」「思わず叩いてしまう」といった行動をせずにすむようになります。

その5秒の間に何をすればよいかというと……、**深呼吸**です。大きく吸って、吐いてを3セットもすれば、5秒以上、時間を過ごすことができます。

怒っていることから意識をそらせられればよいので、深呼吸でなくとも、

・ゆっくり10数える
・携帯のメールを見返す
・冷蔵庫の中身を思い出しながら献立を考える

などでもよいです。あと、いつでもどこでも手軽にできることが重要です。

育児本などでは、「親が怒りそうなときは、深呼吸をしましょう」と、よく書かれています。確かに効果はあるんです。しかし、多くの親御さんは、深呼吸の効果をあまり期待しないし、信用していません。

なぜか？　簡単です。みんな実践しないからです。怒りそうになったときにマジメに深呼吸をするのは、なんか恥ずかしかったり、わざとらしく感じたりもするし、それに普段しないことだから、なかなか実践しにくいんですよね。

ぜひここで、深呼吸することも練習して、深呼吸に対しての心理的なハードルを下げておいてください。

親がカチンときたら、すぐに深呼吸。

「いいかげんにしてよ!!　……（いかん、いかん。ふ〜〜〜っ）」という感じで、自分を落ち着かせてください。

ちなみに、ため息でも落ち着くことができるのですが、その姿を子どもに見せると、子どもを責めたり否定したりするメッセージとなるので気をつけましょう。

④子どもと勝負しようとしていませんか？

これはうちの妻が得意です。

子どもと対等に、真っ向勝負です。

妻：子どもを叱る

子：大声を出して抵抗する

妻：負けじと、子どもより大きな声で叱る

子：もっと大きな声を出す

妻：もっともっと大きな声を出す

⑤今、問題になっていることだけに焦点を当てましょう

子どもを叱っていると、「昨日もこうだった」「この子は私の嫌なことばかりする」「バカにしないでよ」と、親の負の感情が芋づる式に釣れてしまうことがあります。

「今」の問題だけに焦点を当てましょう。

⑥自分が悪いと思ったら、きちんと謝りましょう

たとえば、「親が子どもとの約束を忘れていて、子どもが怒ったところから親子間のトラブルが起きた」とか、「子どもを叱っているうちに、親も一瞬ヒートアップして、子どもの大事なものを『捨てるよ』と脅してしまった」など、親も内心では「まずかったな……」と思ったりすることはありますよね。

親が悪い部分は、素直に謝るとトラブルは小さくなるし、子どもにも悪いことをしたら謝るというモデルを示すことになります。

この章のまとめ

- 子どもがよいことをしたらほめる、よしよしする。これらによって、子どものよい行動が増えていく
- 悪いことをしたら、悪いことだと伝えてもう一度やり直させたり、元に戻させたりする。その結果として、悪い行動が減っていく
- 叱るより、ほめたほうが子どもに伝わりやすく、成果が出やすい
- 問題行動をひっくり返せば、ほめる対象は簡単に見つかる。普通のことをほめればＯＫ！

3

どならない子育て実践編①
効果的にほめる

ここまでの「コミュニケーションの基本」「しつけの基本」は、基礎編になります。この2つだけでも、実践すると目に見えた効果がありますし、子どもの反応も変わります。

そして、これからはじまる「効果的にほめる」以降の章は、より効果の高い「実践編」となります。ちょっぴし難しくなりますが、がんばってください。

ほめることの効果とは？

この章では、ほめられた行動を繰り返しやすいほめ方について学びます。

その前に、ほめることの効果をさらっと押さえておきます。

前章で触れたとおり、ほめること・「よい結果」を与えることで、子どものよい行動を増やす可能性を高めることができます。

そして、親御さんとしては、子どもの悪い行動を見つけるのは得意で、たくさん叱りがちですが、子どものよい行動を見つけたり、ほめたりするのは苦手だと思います。
しかし、子どもを叱るより、ほめるほうが子どもには伝わりやすく、しつけとしては成功率が高い、つまりほめたほうが親も楽ということでしたね。

ほめる対象となる行動は、次の3パターンになります。

①すでにできていること

当たり前だと思わずにほめましょう。ほめればいっぱいよいことが起きます。

②できたり、できなかったりすること

できたところをほめていきましょう。そのほうが楽だからです。

③今は全然できないこと

少しだけできたところからほめて、少しずつできるようにしていきましょう。

また、別の角度から、問題行動を基準にしてみると、ほめる対象となる行動は、問題行動の反対のよい行動、もしくは問題行動をしていない普通の行動ともいえます。ほめることで、よい行動が増え、相対的に問題行動が減ることをねらいます。

「じゃあ、具体的なほめ方で、より効果の高いものって何？」の答えがこの章の内容になります。

効果的なほめ方の４つのステップ

効果的なほめ方は、次の４つのステップで構成されています。

①賞賛を与える
→えらいね、すごいね、できたね、立派だよ

②よい行動を具体的に表現する
↓ ○○したんだね
③子ども側の理由を話す
↓ そうすると、○○だよね
④よい結果を与える
↓ よしよし など

まずは、例を見てみましょう。

太郎くんは、普段、朝の着替えをするとき、脱いだパジャマを床に置いたままにします。ママは、何度も洗濯機に持っていくように言いましたが、なかなかできません。

しかし、今日、太郎くんは脱いだパジャマを自分から洗濯機に持っていきました。ママは思います。「そう！ そうやって毎回、脱いだパジャマを洗濯機に持っていってほしい」と。

そこでママは、効果的なほめ方を使って太郎くんをほめるとします。

このとき、次のようになります。

①賞賛を与える

↓「えらいねえ、太郎くん」

②よい行動を具体的に表現する

↓「今、脱いだ服を洗濯機に持っていけたね」

③子ども側の理由を話す

↓「これで洗濯機がパジャマをきれいにしてくれるから、太郎くんもまたきれいなパジャマが着られるね」

④よい結果を与える

↓「立派だよ、ぎゅっ（と抱きしめる）」

各ステップの中身をくわしく見ていきましょう。

①賞賛を与える

まず、ほめます。講座の中で子ども役をやっているとよくわかるのですが、親役の人に、「えらいね！」とか「すごいねえ！」とほめられると、芝居なのに少しうれしくなって、思わず「うん！」と思って親役の人の顔を見てしまいます。賞賛を与えることで、子どもが親の話を聞く環境が整いやすくなるわけです。

ぜひ、実験してみてください。子どもをほめるときに、「○○くん、えらいねえ！」と明確に賞賛するのです。

そして、そのときの子どもの反応を見てください。子どもにもよるとは思いますが、ほめられた子どもは、うれしい、誇らしげ、恥ずかしいといった表情をしながら、「なになに？　何をほめてくれるの？」と親のほうを見る可能性がけっこう高いです。

このとき、**はっきりと、恥ずかしがらずにほめるのがポイントです。**

もし、ここに書いたようになったら、「あの本、怪しいこと書いてるけど、一個は本当だった」と少しだけ信じてください。実践が大事ですよー。
ちなみに今、この本を書きながら寝起きの妻に実践したところ、やはり「なにな
に？」と私の目をちゃんと見ました。

あと、講座の中では、親どうしでほめ合ってもらうパートがあるのですが、これが
また効果があったりします。
お互いに「表情がやさしいですね」とか、「いつも髪型が素敵です」とか、ぱっと
見の当たりさわりのないことを即興でほめてもらうのですが、このいかにも「表面的
にほめています」という状況でも、やはり面と向かってほめられるとみんなうれしく、
ママたちはちょっと照れたり、顔を赤らめたりします。
大人になると、面と向かってほめられることはほとんどなくなるので忘れてしまい
がちなのですが、**人間、ほめられるとうれしい**のです。
だから、**はじめに賞賛を与えると伝わりやすいし、効果も高まる**わけです。

②よい行動を具体的に表現する

これは、第1章（40ページ）でやったとおりです。

たとえほめられる場面でも、子どもは行動を具体的に言ってもらわないと、何をほめられているのかがわかりにくいことがあります。

せっかくほめるのだから、何がよかったかが明確に伝わったほうがよいですよね。

③子ども側の理由を話す

これは難しいです。でも重要です。その行動がなぜよかったのかを子どもに説明するとき、思わず親側の理由を言ってしまいがちですが、ここでは子ども側の理由を言います。

例を使って、子ども側の理由を説明します。

●例：ママが太郎くんとスーパーに買い物に行こうとしたところ、太郎くんがだらだらしていて、「早くしてよ」という場面

・親側の理由

「早くしないとごはんが遅くなるでしょ」

・子ども側の理由

「早く用意すれば、早くお菓子売り場に着いて、ゆっくりお菓子を選べるでしょ」

この親側の理由は、「子どもが食いしん坊でごはんが大好き」とか、「ハンバーグが大好きな子で、今日のごはんはハンバーグ！」という状況であれば、子ども側の理由にもなりますが、そうでなければ単なる親側の都合です。

親としては、「家族の一員として、ごはんが遅くなるといけないことぐらいわかってよ！」と思うのはもっともなことですが、まだそういった考えができない子どもに、

「ごはんが遅くなるでしょ」と言っても、なかなか伝わりにくいものです。

なぜかというと、他人の立場に立って考えるというのは高度なことだからです。そのため、他人ごとであれば子どもにはイメージしにくく、モチベーションも上がりにくいのです。親が思っているより、**親側の理由は説得力がない**わけです。

となると、子ども側の理由を使って、「早く用意しよう。早く用意すれば、早くスーパーに着いて、お魚とかエビとかイカとかいっぱい見られるよ！」と言ったほうが成功率が高いのです。**自分側の理由であれば、リアルにイメージできるし、モチベーションも上がります。**

もちろん、子どもが親や他人の立場を考えるようにしていくことも大事なことです。すべての場面で子ども側の理由だけを使いましょうということではないのでご注意ください。

④よい結果を与える

これは、第2章で習ったものです。よい結果なので、**「よしよし」「一緒に遊ぼう」「ほんとにえらいよ」と言葉であらためてほめる**などになります。

字面で見ると、「ほめるのに4つもステップがあるの？」とか、「『1！賞賛を与える！　2！行動を表現する！』って不自然……」とか思えたりしますが、実際に4ステップの流れでやってみると、さらっと流れます（数回の実践が必要ですが）。

「えらかったねえ。太郎くん、すぐに用意できたねえ。すぐに用意できたから、その分早く買い物が終わって、家で遊ぶ時間が増えるよね。よしよし」といった感じです。これで十分、4ステップを踏んでいるのです。

講座ではDVDや講師の小芝居をお見せできるのですが、本ではお見せできないので、まあ、信じてくださいね。

私が初めてこの効果的なほめ方を使ったのは、休みの日に娘と公園に出かけるときでした。

娘は自分で「公園に行きたい」と言っておきながら、いざ行こうとすると、「おもちゃを片づけるのはいやだ」「靴下をはかせて」とか言って、玄関を出るまでに時間がかかることが続いていました。

しかし、その日はすんなりと玄関に来て靴を履けたので、私はなんとなく覚えていた効果的なほめ方を使いました。

私「えらいじゃん。すぐに玄関まで来られたね。すぐに玄関まで来られたから、早く公園に行けるし、いっぱいブランコに乗れるね。じゃあ、手をつないで行こうか」

娘「うん‼」

というやりとりになりました。

で、公園に向かって歩いている間、

娘「えらかった？ すぐに出れたからブランコにいっぱい乗れる？」

私「うん。えらかったよ、ブランコにいっぱい乗れるね」
娘「ブランコにいっぱい乗れる？」
私「うん。いっぱい乗れるよ」
娘「ブランコにいっぱい乗れる？」
私「……。うん。いっぱい乗れるよ」
という会話が続きました。

翌週の休みの日に、
私「じゃあ、公園に行くから用意してね」
娘は急いで用意をして玄関へ。後から私が玄関に行くと、
娘「見て！　すぐ玄関に来たよ。ブランコにいっぱい乗れる？」
と聞かれました。
というわけで、「すぐに用意をして玄関に行くことはよいこと」であり、さらに「その行動ができるとブランコにいっぱい乗れる」ということが娘には明確に伝わっ

たのです。だから、翌週もそのことを覚えていられたし、その行動を繰り返すモチベーションもあったと。

そして、効果的なほめ方の目的である**「ほめられた行動が増える可能性を高める」**も実現できたわけです。

もちろん、毎回こんなにうまくいき続けるわけではないですよ。あくまで可能性を高めるだけです。うまくいかないこともいっぱいあります。

でも、うまくいく可能性は高いほうがいいですよね。

よく聞かれるのですが、「効果的なほめ方をいつ使うのか」については、**ほめられるタイミングならいつでもいい**です。子どもがよい行動をした、かつ、親が時間的にも気持ち的にも余裕があるタイミングであればいつでもかまいません。

もちろん、すべてのよい行動に使う必要はありませんし、それは現実的でもありません。「あっ、今使えそう！」とか、「この行動が増えてほしいなあ」と思ったときに気楽に使っていってください。確かに効果はありますので。

楽しい練習タイム

それでは、お待ちかねの練習タイムです。

練習1

公園に行くと、帰り際に「まだ遊びたい、帰りたくない！」と駄々をこねてなかなか帰れない太郎くん。今日は、ママが「太郎くん、帰るよ」と言うと、すんなりとママのそばに来ました。

ここで、「いつもこうだといいな」と思ったママが、効果的なほめ方で、ほめる場面だとします。

では、次の4つのステップで太郎くんをほめてください。

①賞賛を与える（「えらいね」とか）
②よい行動を具体的に表現する（「〇〇できたね」）
③子ども側の理由を話す（「そうすると、△△だよね」）
④よい結果を与える（「よしよし」とか）

③の「子ども側の理由」は難しいです。親が子どもに「その行動はよい行動だ」と伝えている以上は、本当は子どもにとって何かしらのよい理由があるはずなのです。

でも、本番ではなかなかリアルタイムに浮かばないんです。私もよく、「えらいね、○○ちゃん。□□できたね。□□するとさあ……（う〜ん。子ども側の理由が浮かばない……。まあ、いいや。飛ばそう。）、うん、いいよね。よしよし」となったりします。

なので、「是が非でも、子ども側の理由がないとだめ」というわけではありません。でも、**子ども側の理由がうまく説明できると、子どもにはとてもヒットします**。

だから、できるときは子ども側の理由を探すチャレンジをしてみてください。そうすると、親のほうも子どもの視点を見つけることができたりもします。

答え

①賞賛を与える

↓ 「すごいねえ、太郎くん」

②よい行動を具体的に表現する

↓「『帰るよ』って言われたら、すぐにママのところに来られたね」

③子ども側の理由を話す

↓「すぐに帰れば、ゆっくりごはんを食べて、ゆっくりお風呂に入れるよね」

④よい結果を与える

↓「じゃあ、えらかったから、手をつないで帰ろうか」

練習2

夕ごはんの用意ができたので、ママは太郎くんを呼びました。

「太郎くん、ごはんができたからイスに座って！」

いつもなら、なかなか座らない太郎くんですが、今日は太郎くんが大好きなカレーだったので、太郎くんはすぐにイスに座りました。

さあ、ここで、明日もあさっても太郎くんがすぐイスに座れるよう、効果的なほめ方の4ステップでほめてあげてください。

①賞賛を与える（「えらいね」とか）
②よい行動を具体的に表現する（「○○できたね」とか）
③子ども側の理由を話す（「そうすると、△△だよね」とか）
④よい結果を与える（「よしよし」とか）

子ども側の理由には、たとえば「すぐに座れたから、あったかいカレーをおいしく食べられるでしょ」があります。これは些細なことです。

日常の普通の行動を、しつけとしてほめているだけなので、当然、子ども側の理由も小さなものが大半となります。まさか、呼ばれてすぐに食卓に行ったから、天から何かが降ってくる、なんてことは起きませんからね。

この場面だと、子ども側の理由は、ほかに「すぐに座れたから、みんなと楽しくごはんを食べられるね」「すぐに座れたから、その分早く食べ終わって、お風呂まで遊ぶ時間が増えるよね」などになります。

一方で、「すぐに座れたから、カレーが冷めてまずくならずにすんだでしょ」「叱られずにすんだね」だと、子ども側の理由ではあるけれど、ネガティブな話になるので効果が落ちてしまいます。前向きなほうでいきましょう。

答え

①賞賛を与える

↓　「太郎くん、えらいね」

②よい行動を具体的に表現する

↓　「『ごはんだよ』って言われたら、すぐにイスに座れたね」

③子ども側の理由を話す

↓　「すぐに座れたから、あったかいカレーをおいしく食べられるでしょ」

④よい結果を与える

↓　「じゃあ、えらかったから、牛乳を少し多く入れてあげるね」

練習 3

外出するとき、車に太郎くんを乗せると、いつもは2列目にある自分の席になかなか座らず、助手席に行ってカーナビをいじったり、エアコンをいじったり、後ろに行ったと思ったら、3列目のシートに行ったりでママはなかなか出発ができません。

ところが、今日は、太郎くんが好きなショッピングモールに行くところだったので、太郎くんはすぐに自分の席に座れました。そのショッピングモールでは、「おもちゃ屋を見てから買い物」というのが普段のパターンです。

さあ、効果的なほめ方をノーヒントでどうぞ。

多くの親御さんが苦労する子ども側の理由ですが、**「早く○○ができたから、□□できるね」という時間ネタは使いやすい**ですよ。

答え

①賞賛を与える

↓「すごいね！」

②よい行動を具体的に表現する

↓「すぐに自分の席に座れたね」

③子ども側の理由を話す

↓「すぐに座れたから、早くショッピングセンターに行って、おもちゃ屋さんをゆっくり見られるね」

④よい結果を与える

↓「よしよし」

練習4

太郎くんが、ママのそばに来て静かに言いました。

「ママ、ごめんなさい。口紅を触ってたら壊しちゃった……」

太郎くんの話では、ママが洗面所に置き忘れていた口紅をいじっていたところ、ぽっきり折れてしまったとのこと。
ママは日ごろから、悪いことをしてもなかなか謝れない太郎くんに、「悪いことをしたときは素直に謝りなさい」と言っていました。
さあ、気持ち的には苦しいところですが、ここで効果的なほめ方を4ステップでどうぞ。

この場面は、ママの心情的に、効果的なほめ方を使えるかどうかは怪しいところですが、とりあえず**「自分から謝れたことはえらかったね。で、口紅を勝手に触って壊したのはまずいよね」**と、**よい行動はほめる、悪い行動は注意する、と切り分けられると楽になります。**

日常の中では、「お兄ちゃんが、悪さをした弟を注意して叩いた」「お皿を下げようとして、横着して一度にたくさん持ったので落として割った」など、よい行動と悪い行動が混在していることもよくあります。

その際に、悪い行動として一くくりにして叱るよりは、**よい行動をほめ、悪い行動を注意したほうが先につながります**。そのためには、子どもの行動を具体的にとらえていく必要があります。

答え

①賞賛を与える

↓　「あー……、まあ、えらかったね」

②よい行動を具体的に表現する

↓　「自分から謝れたね」

③子ども側の理由を話す

↓　「謝れると、太郎くんが反省していることがママにも伝わるからね」

④よい結果を与える

↓　「えらかったね……」

ほめるときのコツは「スモールステップ」！

子どもをほめるときは、スモールステップが有効です。スモールステップとは、子どもの行動を細分化してとらえ、**小さなよい行動をほめ、ていねいに段階を踏みながら行動の改善をしていく**方法です。

たとえば、子どもが朝、だらだらしていてなかなか着替えないことが問題行動だとします。親としては、「ほめましょう」と言われると、ほめるターゲットとなる行動を「着替えができたら」としてしまいがちです。

この「着替えができたら」というのは、細かく表現すると、「子どもが親に言われなくても自分から動いて、一人でパジャマを脱ぎ、着る服を選び、靴下も含めて全部の服を着ること」となったりします。つまり、ハードルが高いのです。

このように、「子どもがなかなかできないので、叱ってばかりでほめるところがない」という状況になる1つの理由として、親が子どもに要求する水準が高いことがあります。

私たちは、**無意識のうちに、子どもに「これくらいはできて当然」と要求してしまいがちです**。でも、要求水準が高いと、子どもはなかなかできません。すると、親はずっとイライラし、怒り続けるしかありません。

そこで、生きてくるのが「スモールステップ」です。今の着替えの例にスモールステップを当てはめるとこうなります。

・「太郎くん、着替えるから引き出しの前まで行くよ」
（太郎くんと一緒に引き出しの前まで行く）
・**「えらいね、着替えるところまで来られたね」**
・「じゃあ、パジャマのズボンを脱いで」

（太郎くんがパジャマのズボンを脱いだ）

・**「えらいねえ、もうズボンを脱げたねえ」**

（太郎くんがパジャマのシャツも脱いだ）

・**「できたじゃん。えらいねえ。パジャマを脱げたねえ。じゃあ、今度は靴下を出して」**

といった感じです。**「着替える」という一くくりの動作を細分化する**のです。

たくさんの動作を集合させた「着替える」はなかなか実現しにくいですが、細分化した**「行くよ」「ズボンを脱いで」「靴下を出して」**はそんなに難しいことではないのですぐにできます。それらをほめて、少しずつ「着替える」を形成させていくのです。

また、この例では、もっと早いタイミングでスモールステップでほめようとすると、着替える場所に行く前に、太郎くんに「今パジャマを着てるけど、これからどうするんだっけ？」と聞き、太郎くんが「着替える」と答えたところで、「えらいね、着替

ホメ!のスモールステップ
タンスのところに行く
ホメ!
パジャマのズボンをぬぐ
ホメ!
上もぬぐ
ホメ!
くつ下をはく
ホメ!
シャツを着る
ホメ!
ぜんぶ自分で着れました!
ホメ!
good job

えるってことがわかってるんだね」と、着替えるという認識があることをほめること
もできます。

ほめることは「投資」！

そうはいっても、これをいつまでも続けるわけにはいきません。たとえば、大学生になった子どもに、「えらいね、パジャマを脱げたね！」とほめるのはさすがに想定しづらいですよね。

スモールステップで小さなことをほめるのは、自立を促すことになるので、いわば投資のようなものです。**できたところをほめて、できることを増やしていく、そうすると親がガミガミ言わなくてもいいようになっていく、**と。

また、スモールステップでほめてみると、最初に少しほめただけで、以降のことはほめなくても、行動の流れの中であっさりと行動一式ができる場合もあります。

「パジャマを脱げたところをほめて、後は待っていたら、自分で服を着ていた」みたいな。こうなると、「靴下を履いて」「ズボンを履いて」とやらなくてもすむので楽になります。

最後にもう1つ。できていないなかでも、小さなできていることを見つけてほめることも大事です。

たとえば、苦手なニンジンを食べられなかったとしても、食べようか迷ったこと、迷いながら箸でニンジンを取ろうとしたことなどはほめられたりします。

行動を細かく分解すれば、ほめるポイントは大量に転がってるのです。

そのほかのほめるコツ

子どもを効果的なほめ方でほめると、次回、ほめられた行動をする可能性が高まるわけですが、この**「次回」のタイミングを親がフォローすることで、よりうまくいく可能性を高められます。**

たとえば、先ほどの着替えの例でも、親が何度も促し、ほめて、なんとか着替えができたとします。そして、最後に効果的なほめ方で、「すごいじゃん。自分で着替えができたね。自分で着替えができるなんてお兄ちゃんだよね。よしよし」とほめたとします。

でも、次の日の朝、はたして子どもは、親がノータッチの状態で着替えがすべてできるでしょうか。もちろん、多くの場合、答えはＮＯですよね。

ほめているから、子どもも主体的に動く可能性が高くはなっていますが、だからといって、一人でパーフェクトにこなせるわけでもない。となると、やはり、親のフォローは必要なわけです。とはいっても、昨日よりは進歩があるはずなので、親も少しだけ楽に対応できるはずです。

これを繰り返していけば（一進一退のときもあるでしょうが）、ほめることでしつけが成立しますし、叱るよりも楽に早くしつけをしていくことができます。

親にとっても、子どもにとっても、「前回はできた」という事実は、次回もできるようになるための大事な成功体験になります。

前回はできたということを言葉で表現して、子どもを励ますのも有効です。

「昨日、一人で着替えできたよね。今日もできるよ。がんばって。じゃあ、まずパジャマを脱ごうか」と。

こうなると、

できた　↓　ほめられた　↓　うれしい

↓　「昨日できたよね、今日もがんばろう」　↓　またできた

となり、つまりグッドサイクルが成立していくわけです。

また、着替えの際に、さんざん子どもがだらだらして、親もイライラしながら手伝って、なんとか着替えができたのだとしても、最後は一応ほめておき、先のパターンで、次の日に「昨日はできたじゃん。できるよ」と**既成事実化していくのも有効**です。

今の例のように、途中経過に目をつぶれば、最後はほめられるパターンはたくさんあるので、ほめるところ探しにぜひ使ってみてください。

ほめることについてのよくある質問

講座の中でよく聞かれる質問をいくつか書いておきます。

質問1

子どもをほめると調子に乗るからいやなんですが、ほめたほうがよいのですか？

答え

確かに、子どもをほめれば調子に乗って問題行動を起こすことはあります。しかし、調子に乗ってよい行動を繰り返すのであればそんなありがたいことはありませんし、問題行動をしてしまうのであれば、問題行動の部分は毅然と対応すればよいのだと思います。

・子どもをほめて、よい行動を増やしながら、調子に乗って起こす問題行動はその都度対応していくのと、

・子どもをほめずに、よい行動は増やさず、調子に乗って起こす問題行動をゼロにするのと、

どちらがしつけとして成果が上がるのか、どちらが親として楽になるのか、と考えると、おのずと答えは決まると思います。

それと、ほめる対象が行動なのか、人格なのかの違いでも、子どもの調子の乗り具

合は変わってきます。

よい行動を特定して、具体的に言葉で表現すれば、「〇〇したことがえらかったんだよ」となりますが、行動を特定せずに、「〇〇ちゃん、えらいねえ」と言うと、「俺はえらいんだ！」となる可能性を高めてしまいます。

質問2 ほめてばかりいると、「ほめられないと動けない子」になったりしませんか？

答え

ほめることで、子どものよい行動を増やし、子どもの成功体験を増やし、主体性や自立心を高めていくことになります。なので、よい行動をほめることで「ほめられないと動けない子」が育つわけではありません。

「ほめられないと動けない子」になってしまうとすれば、それは行動ではなく人格をほめ続けたとか、問題行動をほめ続けた場合でしょうか。

子どもが、「ほめてくれないとやらないもん！」と駄々をこねたとき、つまり問題行動をしたときに、親が折れてほめるという「よい結果」を与えれば、駄々こねが強化されて、「ほめられないと動けない子」になっていきます。

この場合の解決策としては、「ほめてくれないとやらないもん！」という駄々こねを明確に問題行動ととらえ、「ほめられないと動けない」の反対の「ほめられなくても動けた場面」をほめればよいでしょうし、「ほめられないと動けない場面」は問題行動として注意していけばよいのだと思います。

質問3

ほめるのは大げさでわざとらしいので嫌なんです。

答え

親御さんのそれぞれのキャラクターで、素でほめればよいと思います。表情やジェスチャーを交えて大きくほめるのが得意な人はそうすればよいですし、クール・寡黙な人は、フラットな感じで「えらいね。○○できたね」というノリでよいです。
みんながみんな、両手を広げて「すごいじゃないか！　マイエンジェル‼」としなくてもだいじょうぶです（笑）。**継続してほめていくには、自分に合った、無理のないほめ方がよい**です。

質問4

うちの子は小学校高学年で、ほめたら「気持ち悪い」と言われました。もうほめても効果がないのでしょうか。

答え

「気持ち悪い」とお子さんが言ったとき、表情はどんな感じでしたか？　一瞬かもしれませんが、言葉とは裏腹に、少しうれしそうな表情・照れくさそうな表情をしていませんでしたか？　そうであれば、効果があったということです。
もちろん、親が急にほめはじめると、子どもも違和感を感じると思います。また、お互いにほめる・ほめられることに慣れていないので照れくさかったりもします。

たとえよい方向に変わっていくのだとしても、かかわり方が変わればいくらかは戸惑いを生むと思われます。3～4歳の子でも、急にほめられるようになると、「お母さん変！」と言ったりすることもあります。だから、「気持ち悪い」というのはある意味では本当のことなのでしょう。

でも、この場合は、前向きにとらえましょう。親がほめるようになった、実践をした、だから子どもから反応が返ってきた、ということですから。

まずは、ほめ方がまずくて、本当に子どもが嫌だったのか、戸惑いつつ照れくさかったのか、どちらなのか考えてみましょう。

ちなみに、ほめたのに「気持ち悪い」と言われたとき、「あー、〇〇くんは気持ち悪いと思ったんだね。でも、ママはすごいと思ったのよ」と返すと、子どもの感想を否定せずに、ママの感想を言うことができます。

3
Column

「『叱る』と『ほめる』の差を生むものは？」

いきなり具体例です。

今、太郎くんは、大好きな電車のＤＶＤを見ています。さっき、太郎くんはおやつを食べながら、後でママとスーパーに買い物に行く約束をしました。太郎くんとしても、スーパーでおやつを買ってもらうことになっているので、スーパーに行くことには乗り気です。

しかし、ママが「出かけるよ。テレビを消して」と、太郎くんに声をかけたとき、太郎くんの中では「スーパーに行くのはわかってるけど、もうちょっとテレビを見たい。お菓子も買いに行きたいけど、テレビが……」と、小さな葛藤が生まれました。だから、太郎くんは「いやだ！」と抵抗しました。

では、この場面設定で、太郎くんの視点に立って、次の2パターンのやりとりをイメージしてください。

①【ママがすぐに怒るパターン】

ママ「太郎くん。もう出かけるよ、テレビ消して」
太郎「いやだ」
ママ「『いやだ』じゃないよ！　ごはんをつくるのが遅くなるでしょ！」
太郎「いやだ!!」
ママ「さっき約束したでしょ!!　なんで言うことが聞けないの!?」
太郎「だって……」
ママ「『だって』じゃないでしょっ!!」

②【ママが落ち着いて対応するパターン】

ママ「太郎くん。出かけるよ、テレビを消して」
太郎「いやだ」
ママ「……。う〜ん、そうか。まあね、テレビを見たいんだよね。電車好きだもんね。まだ見たいんでしょ？」

太郎「うん」
ママ「見たいのはわかるよ。でもね、さっき約束したよね。じゃあ、まず、リモコンを持ってごらん」
太郎「いやだ」
ママ「うん。いやだよね。それはわかる。でもね、リモコンを持って」
太郎「……」
ママ「……、リモコンを持って」
太郎（しぶしぶリモコンを持つ）
ママ「うん、えらいね。じゃあ、テレビを消そうか」
太郎（ゆっくりとリモコンの電源ボタンを押して、テレビを消す）
ママ「えらいよ。テレビを消せたね（よしよし）。じゃあ、立って。出かけよう」

①では、ママはたたみかけるように、連続してあいまいな表現で太郎くんを責めます。この状況だと、太郎くんが「テレビは見たいけど、しかたない、行くか」と、自

分で判断して気持ちを切り替える可能性を、ママのほうからつぶしにいっていることになります。これだけ責められれば、太郎くんは反抗せざるをえません。

ママのほうも、悪意があってやっているわけではなく、「さっき約束したし、ごはんが遅くなっても困る。これは太郎くんのためでもある、急がなきゃ」と思って言っているわけですが、このやりとりでは太郎くんには伝わりません。

この流れになってしまうと、この後は、ママが太郎くんに強制的に言うことを聞かせて、さらに太郎くんを叱りつける状況になると思われます。こうなると、バッドサイクルです。

反対に、②では、ママは間を置きつつ、共感的表現や行動の具体的表現を使って対応しました。結果として、太郎くんは、ママに言われたからではあるけれど、なんとか自分の意志でテレビを消すことができました。

こうなると、ママは玄関を出たところで、太郎くんのことをほめられます。

「えらかったよ。太郎くん。今、自分でテレビを消せたね。だから、ママと手をつないでゆっくりスーパーまで歩けるね。ぎゅっ！」とできるわけです。

で、大事なのは次回です。翌日、同じような状況になったとき、ママは言えるわけです。「太郎くん。テレビを消して。……ほら、昨日も我慢してテレビを消せたよね。できるよ、ね」と。

これで太郎くんが自分からテレビを消せたら、またほめられます。まさにグッドサイクルです。

それでですねー、この話で重要なのは、ママが怒ったパターンと、落ち着いて対応したパターンのどちらでも、太郎くんが葛藤しながら抵抗したことには変わりがない、ということです。

だけど、結果は、叱るオチとほめるオチという随分と違うものになった。つまり、「子どもが問題行動を起こし、親が叱る」「子どもが望ましい行動をし、親がほめる」――この分岐点をつくっているのは、実は親である場合もけっこうあるのです。

この章のまとめ

- 効果的なほめ方の4つのステップは、
  1 賞賛を与える
  2 よい行動を具体的に表現する
  3 子ども側の理由を話す
  4 よい結果を与える
- 親が時間的にも気持ち的にも余裕があるタイミングなら、いつでもほめてOK！
- ほめるときのコツは「スモールステップ」
- 前回はできたということを言葉で表現して、子どもを励ますのも有効

4

どならない子育て実践編②
事前に子どもに説明する

さて、いよいよ最後の章になりました。この章では、子どもの問題行動への対応方法、特に、事前に子どもに説明して練習させる方法（予防的教育法）について学びます。

子どもの問題行動について、親のほうでは、「いつもこの場面で問題が起こる」と把握していながらも、事前の対応はせずに、「（あー、またこの子はしでかすんだろうなあ。……ほら！　やっぱりやった！）こらっ、いいかげんにしなさい！　何回言ったらわかるの⁉」となりがちです。

また、日常生活の流れの中で、親は子どもの問題行動を怒ったり、イライラしたりするけれど、じゃあ、子どもが何をすればよいのかという点を親は明確にせず、「子どももわかっているだろう」とタカをくくって、子どもに説明をしていないことが、実は多々あります。

考えてみると、問題が起きてから叱るよりも、事前に話をしておいて、問題を回避したほうが建設的ですし、ほめることもできますよね。それに、親も楽になります。

この「予防的教育法」を使うと、**子どもに明確に「何をすればよいのか」を事前に伝え、練習させることができ、子どもが望ましい行動をする可能性を高めることができます。**

予防的教育法の3つのステップ

子どもへの対応方法のうち、よく知られたものとして、「事前に子どもに説明をしておく」という方法があります。

●例：

ママ「太郎くん、今からスーパーに行くけど、店の中では勝手に走り回らないでね。ママのそばにいるんだよ」

そして、予防的教育法では、これに「子ども側の理由」と「練習させる」をつけ足します。

●例：

①してほしいことを説明する

「太郎くん、今からスーパーに行くけど、店の中ではママの横を歩いてね」

②子ども側の理由を話す

「ママと一緒に歩けば、夕ごはんに何を食べるか一緒に考えられて、太郎くんも楽しく買い物ができるでしょ」

③練習させる

「じゃあ、1回練習してみよう。ここ（家の部屋）がスーパーだとして、野菜売り場がこのへんだとするでしょ。はい、じゃあ、ママの横を一緒に歩いて。

（部屋の中を一緒に歩く）

そうそう、えらいね。はい、次がお魚売り場だとするよ。はい、またママの横を歩くんだよ。えらいね、できたね。
じゃあ、この後、スーパーに行ったら今みたいに一緒に横を歩いてね。よしよし」

ということで、予防的教育法は、次の3つのステップで構成されています。

①してほしいことを説明する
↓　○○のとき、△△してね（共感的表現を使うとなおよい）
②子ども側の理由を話す
↓　そうすると、□□だよね
③練習させる
↓　じゃあ、練習してみようか

では、各ステップの中身を見ていきましょう。

①してほしいことを説明する

ここでは、第1章で習ったとおり、**行動を簡潔に、具体的に、肯定的に表現します。**

問題行動を取り扱うので、思わず否定的な表現で「スーパーでは走らないでね」と言いそうになりますが、「走らないでね」と言ってしまうと、この後の③のステップで、「じゃあ、走らない練習をしてみよう……（ん？　走らない練習って何だ？）」となってしまいます。なので、子どもに**「どんな行動をすればよいのか」**を伝えましょう。

共感的表現で**「走りたくなる気持ちもわかるけどさ」**と言うのも効果的です。

②子ども側の理由を話す

これは、第3章で出てきた「子ども側の理由」と同じです。

親側の理由ではなく、子ども側の理由を言いましょう。

③練習させる

子どもに事前に「何をすればよいか」を伝えるのは効果的ですが、その一方で、言葉だけでの説明には限界があります。

たとえば、運動会は事前に練習をしますが、もし言葉だけで運動会当日の動きを子どもたちに説明をするとなると、相当な苦戦が予想できますよね。

同じように、「スーパーではママの横を歩いてね」というのは、話しているママの頭の中ではしっかりイメージできていても、聞いている子どものほうでは、イメージがあやふやだったりします。

でも、言葉の意味はわかるので、子どもは「うん」と答え、いざ本番でトラブルが起こる、と。

そこで有効なのが練習です。**子どもは、実際に練習することで具体的なイメージを持つことができます。**ＣＳＰで、親御さんがしつけの仕方を練習して身につけるのと同様に、子どもも望ましい行動を練習することで身につけやすくなるのです。

それと、子どもに練習させることで、「子どもへの期待値が適切なのか」を確認することもできます。私たちはどうしても、子どもに対して「これくらいできるだろう」と期待値を高めに持ってしまいがちです。

つまり、**練習をしておくと、「子どもにはまだできないこと」や「子どもが説明を理解できていなかったこと」が事前にわかり、本番で親が子どもを叱るのを回避できる**のです。

ここは大事なので、くどいようですが例をあげておきます。

●例：(子どもへの期待値が高すぎたパターン)

ママ「太郎、今日は2回もジュースをこぼしたね。次からは、こぼしたら、自分で拭くんだよ。いい？　わかった？」

太郎「うん、わかった」

――次の日

太郎くんは、またしても牛乳をコップ1杯分こぼしてしまいました。テーブルと床が濡れています。太郎くんは、約束どおり自分で拭こうとします。大量のティッシュを箱から取って、テーブルを拭きました。

次に、牛乳でびしょびしょになったティッシュで床も拭きました。ティッシュはゴミ箱に捨てました。テーブルも床もゴミ箱も牛乳だらけです。

こんな状況だと、子どもが約束を守ったとはいえ、親としてはイライラしますよね。つい、「なんなのその拭き方は！　こんなこともわからないの！　いいかげんにしてよ！」と言ってしまうかもしれません。

もし、事前に練習をしておいたのなら、ママは太郎くんに「こぼしたものを拭くスキル」が足りていないことに気づき、ふきんやぞうきんなどを使うことを教えられたかもしれません。

あるいは、子どもが拭いてもきれいにはならないことを覚悟できたかもしれないのです。

私たちがしたいことはしつけです。だから、**望ましい行動を身につけやすくなる「練習」はとても有効ですし、今の子どもにできることなのかを確認できる点でも大事なのです。**

楽しい練習タイム

練習1

太郎家では、「夕ごはんを食べ終わったらお風呂に行く」という流れになっています。しかし、最近は、夕ごはんを食べ終わったところで、ママが「お風呂に行くよ」と言っても、太郎くんはなかなかお風呂に行きません。

そのため、ママは、太郎くんを無理やりお風呂に連れていくことが増え、うんざりしていました。そこでママは、夕ごはんを食べはじめる前に、「予防的教育法」を使って太郎くんがスムーズにお風呂に行けるようにしようと思いました。

次の予防的教育法の3ステップを使って、太郎くんにどう話せばよいでしょうか。

①してほしいことを説明する　「○○のとき、△△してね」（+できれば共感的表現も）

②子ども側の理由を話す　「そうすると、□□だよね」

③練習させる　「じゃあ、練習してみようか」

この練習1は、私が初めて子どもに予防的教育法を使ったときの実話なのでした。たかがお風呂に行くだけなのに、毎回「お風呂行くよ」→「やだ」、でうんざりしていたので、長女と散歩をしているときに、歩きながら「お風呂行くよ」→「はーい」の練習を何回かしたのです。

そして本番では……、

私「ごちそうさまでした。はい、じゃあお風呂行くよ」
長女「いやだ」
私「……。そうかぁ。いい？　もう一度言うよ。覚えてるかな？　お風呂に行くよ」
長女「………、はーい」
私「えらいじゃん。『はーい』って言えたね」
となりました。

予防的教育法もあくまでうまくいく可能性を高めるだけなので、練習どおりにいかないことも、もちろんたくさんあります。しかし、うまくいかない場合でも予防的教育法の効果はあります。

子どもに「何をすればよいのか」が明確に伝わっていれば、約束は成立します。子どもとしては、本番を迎えると、「約束したことはわかっている。けれど、やっぱり……」とぎりぎりの葛藤になることもあります。

そのとき、結果的に練習したとおりにできなかったとしても、子どもの抵抗はいつもより小さいものになったりするのです。

例：

今日はスーパーでお菓子を買わないことを事前に子どもに伝え、「お菓子を我慢する」と言葉で言う練習をしておいた。

↓ しかし、実際にスーパーのお菓子売り場に行くと、やっぱりお菓子が欲しくて「お菓子買いたい」と駄々をこねてしまった。

↓ 練習したとおりにはできなかったけど、いつもより駄々こね度合いは小さく、何回か諭したら、子どもも我慢できた。

というパターンが、講座を受講したママたちの実践報告でよくあったりします。

あと、**事前に説明・練習をしておくと、本番で、「練習したよね」の一言で説明がつくので楽になります**。お菓子売り場で子どもが駄々をこねたとき、「欲しいのはわかるよ、お菓子好きだもんね。でも練習したよね。今日はお菓子はどうするんだっけ？」ですみます。

もし、説明・練習をしていないと、お菓子売り場で駄々をこねる子どもに「今日は家にお菓子があるから～（略）」といちから説明をしないといけなくなり、状況的に難易度の高い負け戦となったりします。

答え

①してほしいことを説明する

↓
「太郎くん、夕ごはんを食べ終わったら、ママと一緒にお風呂に行くんだよ」
②子ども側の理由を話す
↓
「すぐにお風呂に行けば、お風呂で遊ぶ時間もできるでしょ」
③練習させる
↓
「じゃあ、練習してみよう。今、ごはんを食べ終わったとするよ。で、ママが『お風呂に行くよ』って言うから、そしたら太郎くんはママと一緒にお風呂に行くんだよ。はい、じゃあ言うよ。『お風呂に行くよ』」
（太郎くんとお風呂に行く）
「できたね、えらいね。じゃあ、ごはんを食べ終わったら、今みたいにお風呂に行こうね」

練習2
太郎家では、5時のチャイムが鳴ったら帰るという約束になっていますが、公園に遊びに行くと、チャイムが鳴ってもなかなか帰ることができません。

そこで、ママは公園に遊びに行く前に、「チャイムが鳴ったら帰る」という「予防的教育法」を家の中ですることにしました。

さあ、次の3ステップで予防的教育法をしてみてください。

①してほしいことを説明する
「○○のとき、△△してね」(+できれば共感的表現も)
②子ども側の理由を話す「そうすると、□□だよね」
③練習させる「じゃあ、練習してみようか」

答え

①してほしいことを説明する

↓「今から公園に行くんだけど、5時のチャイムが鳴ったら帰るからね」

②子ども側の理由を話す

↓「そうすれば、いつもの時間に夕ごはんを食べられて、そのあとテレビも見られるでしょ」

③練習させる

↓「じゃあ、練習してみるよ。今、公園にいるとするでしょ。ブランコに乗ってることにしようか。ここに座って。

それで、5時になったからチャイムが鳴りました。♬チャララーラ。はい、じゃあ、ママと一緒に帰るよ。家はあっちのほうね。はい、立って。

そうそう、えらいねえ。よし、じゃあ歩こう。

できたじゃん。ちゃんと帰れたねえ。じゃあ、今から公園に行くけど、チャイムが鳴ったら今みたいに帰るんだよ」

練習3

最近、太郎くんはごはんができたとき、なかなか遊ぶのをやめられず、食卓に来られません。

そこで、「予防的教育法」の3ステップで対応するとします。ノーヒントです。

答え

①してほしいことを説明する

↓「太郎くんさあ、最近、『ごはんだよ』って言われても、なかなかごはんを食べに来られないことがあるでしょ。遊びたいのはわかるけど、ママはね、『ごはんだよ』って言われたら、遊ぶのをやめて、自分のイスに座ってほしいんだ」

②子ども側の理由を話す

↓「そうすれば、すぐにあったかいごはんをおいしく食べられるでしょ」

③練習させる

↓「じゃあ、いっぺんやってみよう。今、ごはんができたとするでしょ。太郎くんはあそこで遊んでるとするじゃん。あそこに座ってね。そうそう。じゃあ、車でも持っておこうか。

それで、ママが今から『ごはんだよ』って言うから、そしたら車を片づけて食卓のイスに座るんだよ。いい？　じゃあ言うよ。ごはんだよ」

（太郎くんが車を片づけてイスに座る）

「できたじゃん。これからは今みたいにしてね」

4 練習

太郎くんは、車に乗るとき、2列目の自分の席になかなか座らず、助手席でカーナビをいじりたがります。そのおかげで、いつも叱ってから車が発進、という流れになっています。

そこで、「予防的教育法」の3ステップで対応します。はいどうぞ！

練習は、言葉で言わせるのもアリです。兄弟など、複数人をまとめて練習させるときや、小学校高学年になって「練習なんてしない！」と言う子などには、言葉で言わせる練習が有効です。

もちろん、「練習なんてしない！」と言うパパにも有効です（汗）。

あと、言葉ではなく、実際に練習させるのであれば、家の中で「ここが車で、ここが太郎くんの席ね」とするのもアリですし、駐車場まで行って本当に車の席に座って練習するのも効果的です。

ちなみに、言葉で言わせる練習は便利ですが、効果の高さでいうと、実際に本当の環境で練習させるほうがやはり上です。

答え

①してほしいことを説明する

↓「車に乗るときは、カーナビを触りたいのはわかるけど、ママがドアを開けたらすぐに自分の席に座ってね」

②子ども側の理由を話す

↓「そうすれば、すぐにお出かけできるし、太郎くんも楽しくドライブできるでしょ」

③練習させる

↓「じゃあ、車に乗るとき、ママがドアを開けたらどうすればいいんだっけ？」

太郎「自分の席に座る」

「そうだよね。わかってえらいね。じゃあ、次に出かけるときはそうしてね」

練習 5

太郎くんは、日中に自分の自転車を倒して、パパの大事な車に傷をつけてしまいました。パパは19時ごろ帰ってきます。ママの予想では、太郎くんが謝ればパパは許してくれるけれど、太郎くんはパパが怖いので、このままでは自分からは謝れそうにありません。

そこで、「予防的教育法」で太郎くんが自分から謝れるようにしようと思います。3ステップでどうぞ。

大人でもそうですが、正直に謝るのは心理的なハードルが高いものです。

そこで、謝る練習をしておくと、いくらかはハードルが下がって、自分から言える可能性が高まります。

答え

①してほしいことを説明する

↓「太郎くん。パパが怖いのはわかるけど、パパに『車に自転車をぶつけてごめんなさい』って謝ろうね」

②子ども側の理由を話す

↓「正直に謝れば、パパも許してくれるからね」

③練習させる

↓「じゃあ、ママがパパだと思って謝ってみて」

太郎「車に自転車をぶつけてごめんなさい」

「うん、えらいねえ。じゃあ、パパが帰ってきたら一緒に謝ろうね」

＊

練習はここまでにしておきます。

参考までに、受講したママたちの実践例をいくつかあげておきます。

・おもちゃを片づける練習
・スーパーでカートを走って押す子どもに、歩いてカートを押す練習
・朝、幼稚園に着いたとき、先生に「おはようございます」が言えなかったので、登園中に挨拶の練習
・おもちゃ売り場、ペットショップから離れる練習
・旅行先で、好きなものを3つ買ってもらったら、あとは我慢する練習
・歯医者に行くとき、素直に家から出る練習
・ごはん中に、お腹がいっぱいでもう食べられないときは、「お腹いっぱいになった」と言う練習

予防的教育法のコツ

●3ステップ目の「練習」までできたら、軽くほめましょう。また、本番で実践できたら、ほめましょう。できれば効果的なほめ方で。

実践できたことをほめることで、その行動は定着していきます。ある意味では、予防的教育法をするのは、あとで子どものよい行動をほめるためでもあります。

●予防的教育法は、子どもにしてほしいことを説明して練習させるので、ほんの少し強制的なニュアンスを持ちますが、あくまで子どもに主体的な意志や理解があって成立するものです。強制的に「ほら、練習しなさい！」「さっき練習したでしょ！　同じようにやりなさい！」とやっても効果は期待できません。

親のスタンスとしては、**子どもの気持ちには共感し、理解は示すけれど、親として引かないところは引かず、練習や本番での実践を促す**、という形が望ましいです。

●予防的教育法は、事前に把握できている問題行動以外にも、新しく身につけてほしい行動や、できつつある行動にも使えます。

●例：
脱いだ服や使ったバスタオルを洗濯機に入れる
洗濯物をママとたたむ
幼稚園から帰ってきたら弁当箱を台所のカウンターにのせる　など

●第3章でも出てきたスモールステップ（177ページ）が予防的教育法でも有効です。

●例：
朝、自分で用意してほしい
↓
最終的には、自分で着替えて、カバンを持って、帽子をかぶってほしい

↓ スモールステップでは、自分でパジャマを脱ぐところから練習

↓ 小さな「できたこと」から成功体験の積み上げ（小さいことだからこそ成功率が高い、ここ大事！）

●予防的教育法は、「練習しておく」というだけでなく、「事前の約束」でもあります。第2章でも触れたとおり、しつけとしてほめたり、叱ったりするには**何がよい行動で、何が悪い行動なのかという基準が必要**です。この基準を説明して、約束しておくのが予防的教育法になるわけです。

約束がないまま、突然叱られたり、「悪い結果」をもらったりすると、子どもは理不尽に感じるかもしれませんし、抵抗するかもしれません。反対に、約束ができていれば、子どもも悪い結果を受け入れやすくなります。

問題が起きる可能性があることには、「事前の約束」として予防的教育法をしておきましょう。

例1：

最近、よく○○について叱ることがある。

↓ 予防的教育法で、子どもにしてほしいことを説明し、練習させ、できなかった場合の悪い結果も話しておく。

例2：

ゲーム機を買った。

↓ 親子間で、「ゲームをするのは1日1時間まで」というルールを決めて、「時間になったらゲームを片づける練習」を子どもにさせる。

もしルールを守れなかったら、悪い結果として、「その場でママがゲーム機を預かり、次の日はゲームの時間を30分に減らす」という約束をしておく。

●例3：

子どもが小学校に入学して宿題が出はじめた。

↓　事前に、「家に帰ってきたらママと宿題をする」という練習をさせておく。

約束を破った場合は、「夜、宿題が終わるまではテレビを見られない」

という悪い結果も説明しておく。

4
Column

「パパも巻き込んで」

私の経験則の話で恐縮ですが、講座を受講したママたちの実践や改善の度合いは、パパの「育児への協力度」と「ママの困り感への理解」が大きく関係していると思われます。

受講する家庭にありがちなパパ像は、

・育児にはある程度は協力的だが、仕事が忙しくて平日は手伝えず、土日に参加
・ママが講座を受けることについては、「ああ、そうなんだ。いいんじゃない」というスタンス

となっております。

このありがちなパターンを基準ラインとすると、パパが平日も育児に参加しているとか、ママの講座受講について、パパが帰宅時に「今日の講座はどうだった？ うんうん、そうか。じゃあ、明日から一緒にやってみよう」と乗り気だったりすると、マ

マはスムーズに着々と実践を積み重ねていくように見えます。

反対に、パパが平日は忙しくて土日は趣味で出かけて、ほとんど育児はノータッチとか、ママの受講について、「なんで子育てを講座なんかに頼るの？　自然にやればうまくいくよ」と言ってしまうパパだったりすると、ママは重荷を背負いながら孤軍奮闘して、ぎりぎりな中でＣＳＰの実践をしている印象を持ちます。

どうやってパパを巻き込むの？

ここからが本題です。

では、どうやってパパを子育てに、しつけに参加させていけばよいのでしょうか？

その答えは……、やっぱりＣＳＰです。パパにもＣＳＰを実践していきましょう（ご家庭によっては、パパが一番の子どもだったりするので（苦笑）、そんなご家庭のママならイメージしやすいと思います）。

まず、**パパを子育てに参加させるには、ほめるところからスタートです。**子どもと一緒ですね（笑）。当たり前のことをほめるのです。

たとえば、少ない時間ではあったけど、内容的にもいまいちであったけど、パパが子守りをした。さっそくほめましょう。効果的なほめ方でです。

「パパ、ありがとう!! 子どもの相手をしてくれて。パパが子どもの相手をしてくれたから、子どもも喜んでたわよ。立派なお父さんね。じゃあ、立派だったから、夕ごはんに発泡酒をつけてあげる!!」

こんな感じでほめていきましょう。ほめられた行動は増えていきます。だいじょうぶです。楽勝です。子ども相手に実践経験をつめば、余裕で応用が利きます（と言いながら、私を含めた多くのCSP実践者が、「子どもをほめることは簡単にできるようになったけど、夫婦間で使うのは難しい」と思っていたりします(´ε`)。

✿ たまたまうまくいったとき、すかさずほめる

子どものしつけの面でも、受講したママたちが困るのが、「パパにどうやってCSPの内容を伝えるか」だったりします。

ママたちは、実践するなかで前進していくので、パパの子どもへの対応を見ていると、「それはあいまいな表現だから伝わりにくいんだけど……」とか、「うわー、家の外に出しても、子どもが泣くばっかりで伝わらないんだけどなあ」「えっ!? 駄々をこねたのにお菓子をあげちゃったの!?」と思うようになります。

でも、非協力なパパであればもちろん言いにくいですし、協力的なパパでも、休みの日にがんばって子どもの相手をしているのに「こうしたらいいよ」とは言いにくかったりして、ママとしては困ってしまいます。

そんなときは、**よかった瞬間をとらえてほめる**のです。たまたまパパの子どもへの指示が簡潔で明確だったとき、子どもが駄々をこねてもお菓子をあげなかったとき、

すかさずほめるわけです。

「パパは上手ね！　今の言い方、具体的で子どももよくわかったみたいよ！」とかです。

なんだか、子どもへの対応に似ているような……？

一番理想的なのは、夫婦でCSPの内容を共有し、子どもへの対応方法をお互いに確認しあって、「あの場面、ほめられたよね」とか、「最近、あの問題行動が多いから、事前にこういうふうに話をしておこうか」とか話せるとよいのですが、これはちょっと現実的ではないですよね。

力関係的（!?）に、パパに率直に話すことができるママであれば、予防的教育法が有効です。

「あなた、ちょっといい？　子どもと散歩に行ったときは、コンビニでお菓子を買わないで、手ぶらで帰ってきてほしいの。そうすれば、子どもだって、今は駄々をこねても、いつかはブレないお父さんだって思うわよ。

じゃあ、次にお散歩に行ったとき、どうするんだっけ？　……そうそう、お菓子は買わないのよね。わかってくれてありがとう」

ちなみに、子育てには関係なく、パパの問題行動への対応にももちろんCSPを使えます。

●例：〈予防的教育法〉

「ねえ、パパ。夜、帰ってきたとき、疲れているのはわかるけど、脱いだ靴下は洗濯機に入れてほしいの。そうすれば、部屋がきれいになっていいでしょ。

じゃあ、一回玄関まで行くわよ。（玄関まで一緒に行く）

さあ、靴下を脱いだとして、はい、洗濯機まで持っていくわよ」

〈効果的なほめ方〉

「ありがとう‼　帰ってきて、脱いだ靴下を洗濯機に入れられたわね！　パパは子どもたちのお手本だわ。よしよし」

といった感じです。

本当に、子どもへの対応と同じですね……。実践しさえすれば効果が出ます。パパの食器洗いをほめていたら、換気扇の掃除もパパの仕事になった、なんていうお話もあったりします。

実践すれば、**ママは楽になりますし、パパもほめられて悪い気はしません。**できそうであれば、ぜひお試しください。

ほめるのはタダですよ！

この章のまとめ

- 予防的教育法（事前に子どもに説明して練習させる方法）の3つのステップは、
  1　してほしいことを説明する
  2　子ども側の理由を話す
  3　練習させる
- 事前に説明・練習をしておくと、本番で「練習したよね」の一言で説明がつくので親も楽
- 問題が起きる可能性があることには、「事前の約束」として予防的教育法をしておく

終わりに

これで、ＣＳＰについての、私なりのお気楽なご紹介はおしまいです。

本当は、ＣＳＰではこの後に、

【５　問題行動を正す教育法】

↓子どもが問題行動を起こした際の対応方法

【６　自分自身をコントロールする教育法】

↓子どもを注意したら、子どもがキレた、親もカチンときた際の対応方法

【７　フォローアップ】

↓まとめ、総復習

の３つのセッションがあるのですが、今回はページ数の都合でここまでとなっとります。「この先も知りたい！」というところで終わってしまうのですが、まあ、だいじ

ようぶです。なぜかというと、これまでに出てきた「行動を具体的に話す」「ほめる」「事前に練習させる」とかを実践するだけでも相当な効果があるからです。

実践して効果を実感する期間も重要です。なので、この本が売れて、続きの内容が書かれる第2弾が世に出ることを祈りながら、ぜひ日々の実践をがんばってください。

ここで注意点を2つ。

1つ目は、CSPの限界についてです。これまでの内容でもなるべく書いてきたつもりですが、当然ながらCSPにも限界があり、すべての場面で実践できるものではないし、CSP単独のやり方では対応できないこともたくさんあります。

しかし、CSPは、しつけの基本となる「子どもにどうしてほしいのかを具体的に伝え、できたらほめ、できなければあらためて説明し、子どもが反抗して感情的になってしまった場合は落ち着かせる」という形で構成されているため、しつけの骨組みとして使うことができます。そうなると、ほかのやり方や親御さんがすでに持っているやり方と併用が可能になったりします。いろいろと適当に試してみてください。

２つ目は、復習や振り返りのおすすめです。私のように、仕事でＣＳＰを扱っていれば、内容を忘れることはありませんが、一般の親御さんであれば、時間の経過とともに内容を忘れていきがちです。

日常生活では、子育て、家事、仕事など、いろいろあるのですから、そりゃあ忘れます。それに、時間が経てば、子どもが成長して、問題の質も変わったりします。

なので、「最近しつけがうまくいかない。子どもの問題行動にうんざりしている」と思ったときには、この本を思い出してパラパラっとめくってください。そしたら、親御さんが少しだけ楽になれるはずです。

最後に。子どもへの対応に困ってこの本を読んでみた、という方へ。

お疲れさまでした。仕事に育児に家事に、クソ忙しいなか、この本をここまで読んだなんて、立派なことです。本を読もうと思った、それだけでも立派です。

あとは、だまされたと思ってちょっとだけ実践してみると、「あ〜、確かに伝わった」という感想を持てるはずなので、最後のあと一歩、ちょっとだけの実践をがんばってみてください。

そして、実践してみて、少しでも効果を感じた方にはお願いがあります。

できる範囲だけでいいので、「こういうことをほめたら、できるようになった」とか、「具体的に話して叱ったら伝わった」ということを、ママ友や、ご家族、職場の同僚など、誰かにクチコミで広げてください。また、将来、覚えていられたら、お孫さんが生まれたとき、お子さんにも伝えてあげてください。

伝えていただく際には、「ＣＳＰ」という名称やこの本のことは触れなくてもかまいませんので、とにかくほめること、諭すことは理想論ではなく、実際に実践できて、効果があるということを多くの人に知ってほしいのです。

子どものために一生懸命叱って、どなって、重たい罰を与えて、でも子どもには大して伝わってなくって自己嫌悪、というのは苦しいものです。

しかし、私も含めて、今の子育て世代は、「ほめましょう」と言われても、自分たちはほめられて育っていないし、あいまいな表現で指示を出されてきたし、重たい罰をもらって育ってきました。

だから、なかなか子どもをほめられないし、「ほめて育てるのなんて理想論だ」とも思えてしまいます。今はそれだけ混沌としているわけです。

でも、もし、本当にほめたり、諭したりするしつけの方法が有効だとしたら、私たちの子どもが子育てをするときには、「ほめる子育ては確かに効果があるよ。そのやり方はね……」と伝えていきたいですよね。

実際にほめる子育てをするかどうかは本人たち次第ですが、「ほめる子育て」が机上の論理ではなく、普通の選択肢になっていてほしいと私は思っています。なので、CSPの効果を実感された方は、ぜひクチコミ伝承作戦にご協力くださいね。

そんなわけで、私の拙い文章をここまでお読みいただきまして、ありがとうございました。

謝辞

いやー、ようやく書き終わりました。

執筆依頼をいただいた当初、「普段、さんざん講座で話してる内容だし、数日で書き終わるだろう」とタカをくくっていました。妻にも「2日もあれば書けるんじゃないか」と言っていたくらいです。

しかし、いざ机に向かってみたところ、「話すことと書くことの違い」に愕然。文字に残すということはプレッシャーがとても大きく、そもそも自分は小学生の頃から一貫して作文が苦手&嫌いだったことを思い出しました。

そんなわけで、2日で終わるはずだった執筆に結局6か月かかり、その間、試験期間の学生のような気分で過ごすこととなりました。よい精神修行でした……。

思いもかけず、畑違いの「執筆活動」の機会をいただいたわけですが、お声をかけていただいた編集担当の三谷祐一さん、進みの悪い私を辛抱強く待ち続けていただき、ありがとうございました。おかげさまで、よい経験をさせていただいたと思っております。

さらに、「神戸少年の町」の野口啓示先生、こういった形での「神戸少年の町版CSP」の紹介をお許しいただき、さらに温かいお言葉も頂戴し、恐縮するとともに大変感謝しております。

また、いつもお世話になっている千葉県中央児童相談所の渡邊直さん、今回も多大なるご協力をいただき、ありがとうございました。

そして、宇田川政男さん・井山綾子さんをはじめとする緒先輩方、日頃情報交換をさせていただいている全国のCSP仲間と、日々苦楽をともにしている職場のみなさまにも厚くお礼を申し上げます。

この本が、子育て中のみなさまのしつけの負担感の軽減に少しでも効果を上げ、結果として子育て支援と児童虐待予防にわずかでもつながることを期待しています。

どならない子育て

2013年8月15日　第1刷
2013年9月30日　第2刷

Author　伊藤徳馬
Book Designer　吉村朋子
Illustrator　ふじわらかずえ

Publication　株式会社ディスカヴァー・トゥエンティワン
〒102-0093　東京都千代田区平河町2-16-1 平河町森タワー11F
TEL　03-3237-8321（代表）
FAX　03-3237-8323
http://www.d21.co.jp

Publisher　干場弓子
Editor　三谷祐一

Marketing Group
Staff　小田孝文　中澤泰宏　片平美恵子　井筒浩　千葉潤子　飯田智樹
佐藤昌幸　谷口奈緒美　山中麻吏　西川なつか　古矢薫　伊藤利文
米山健一　原大士　郭迪　蛯原昇　中山大祐　林拓馬　野村知哉
安永智洋　鍋田匠伴　榊原僚　佐竹祐哉　塔下太朗　廣内悠理
松石悠
Assistant Staff　俵敬子　町田加奈子　丸山香織　小林里美　井澤徳子　橋詰悠子
藤井多穂子　藤井かおり　福岡理恵　葛目美枝子　田口麻弓
皆川愛

Operation Group
Staff　吉澤道子　松尾幸政　福永友紀
Assistant Staff　竹内恵子　古後利佳　熊谷芳美　清水有基栄　小松里絵　川井栄子
伊藤由美　石渡素子　北條文葉　伊藤香

Productive Group
Staff　藤田浩芳　千葉正幸　原典宏　林秀樹　石塚理恵子　石橋和佳
大山聡子　堀部直人　井上慎平　田中亜紀　大竹朝子
堂山優子　山﨑あゆみ　本田千春　伍佳妮　リーナ・バールカート

Digital Communication Group
Staff　小関勝則　中村郁子　松原史与志

Proofreader　文字工房燦光
DTP　谷　敦（アーティザンカンパニー）
Printing　凸版印刷株式会社

ISBN978-4-7993-1373-2